Margaret Darlene Otte

Englisch komplett

5.-8. Schuljahr

Regeln und Beispiele

Ernst Klett Verlag
Stuttgart Düsseldorf Leipzig

Autorin:
Margaret Darlene Otte

9 783129 296929

Bibliographische Information Der Deutschen Bibliothek
Die Deutsche Bibliothek verzeichnet diese Publikation in der Deutschen Nationalbibliographie; detaillierte bibliographische Daten sind im Internet über http://dnb.ddb.de abrufbar

Auflage 4 3 2 1 | 2007 2006 2005 2004
Die letzten Zahlen bezeichnen jeweils die Auflage
und das letzte Jahr des Druckes.

Internetadresse: http://www.klett-verlag.de
Einbandgestaltung: beluga design, Stuttgart
Druck: Mediendruck Unterland, Flein. Printed in Germany
ISBN: 3-12-929692-1

Inhaltsverzeichnis

Dieses Buch enthält

Englisch
5. Schuljahr

Inhaltsverzeichnis Englisch 5. Schuljahr

Nomen

1. Die Pluralformen der Nomen

The plural forms of nouns

		Plural auf *-s*	
Singular	**Plural**		
hat bank cat hand	hats banks cats hands	*Hut – Hüte* *Bank – Bänke* *Katze – Katzen* *Hand – Hände*	Der Plural der Nomen wird gebildet, indem man ein *-s* an den Singular anhängt.
peach box	peaches boxes	*Pfirsich – Pfirsiche* *Schachtel – Schachteln*	**Achtung:** – Bei Nomen, die auf einen **Zischlaut** enden, fügt man *-es* hinzu; Aussprache: [iz].
lady	ladies	*Dame – Damen*	– Nach einem **Konsonanten** wird *-y* zu *-ies*;
boy	boys	*Junge – Jungen*	– *-y* nach einem **Vokal** bleibt dagegen erhalten.

	Unregelmäßige Pluralformen		
Singular	**Plural**		
child man woman mouse	children men women mice	*Kind – Kinder* *Mann – Männer* *Frau – Frauen* *Maus – Mäuse*	Bei einigen Nomen ist die Pluralbildung unregelmäßig.

5

2. Der *s*-Genitiv

The s-genitive

	Bildung	
Sven's bike the teacher's book the women's club	*Svens Fahrrad* *das Buch des Lehrers* *der Frauenclub*	Der Genitiv wird mit **Apostroph + -*s*** gebildet: – wenn das Nomen im Singular steht, – bei unregelmäßigen Pluralformen.
the taxi drivers' cars	*die Autos der Taxifahrer*	Bei Pluralformen auf -*s* fügt man nur den **Apostroph** hinzu.

	Gebrauch	
the boy's hands the Meyers' house	*die Hände des Jungen* *das Haus der Familie Meyer*	Der **s-Genitiv** wird verwendet, um etwas einer oder mehreren **Personen** zuzuordnen.
the arms of the chair at the back of the garden	*die Armlehnen des Stuhls* *hinten im Garten*	**Achtung:** In Bezug auf **Sachen** bildet man den Genitiv mit ***of***.

Artikel

1. Der unbestimmte Artikel *a / an*

The indefinite article 'a' /'an'

	Formen	
a book a good answer a house	*ein Buch* *eine gute Antwort* *ein Haus*	Vor **Konsonanten** lautet der unbestimmte Artikel ***a.***
an old book an answer an uncle	*ein altes Buch* *eine Antwort* *ein Onkel*	Vor **Vokalen** lautet er ***an.***
a uniform an hour	*eine Uniform* *eine Stunde*	**Achtung:** Entscheidend ist immer die Aussprache, nicht die Schreibung der Wörter! Daher steht – *a* vor Nomen, deren Anfangsbuchstabe *u* als [ju] gesprochen wird (vgl. dagegen oben *uncle*), – *an* vor Nomen, die mit einem stummen *h* beginnen (vgl. dagegen oben *house*).

	Gebrauch	
A boy is standing in front of the school.	*Ein Junge steht vor der Schule.*	Der unbestimmte Artikel *a/an* beschreibt **nicht näher bestimmte** Personen oder Dinge.
He's a teacher.	*Er ist Lehrer.*	Er wird auch immer vor **Berufsbezeichnungen** verwendet.

5

5

2. Der bestimmte Artikel *the*

The definite article 'the'

	Form	
the boy the woman the car the bikes the [ə] girls the [ə] pen the [ə] houses the [ɪ] oranges the [ɪ] apple the [ɪ] uncle	*der Junge* *die Frau* *das Auto* *die Fahrräder* *die Mädchen* *der Füller* *die Häuser* *die Apfelsinen* *der Apfel* *der Onkel*	Der bestimmte Artikel hat im Englischen nur eine Form: ***the.*** **Aussprache:** – Vor Wörtern, die mit einem **Konsonanten** beginnen, wird das *e* als [ə] gesprochen. – Vor Wörtern, die mit einem **Vokal** anfangen, wird das *e* als [ɪ] ausgesprochen.
the [ə] unit the [i:] hour	*die Lektion* *die Stunde*	**Achtung:** Entscheidend ist die Aussprache, nicht die Schreibung der Wörter! Daher wird das *e* – als [ə] gesprochen vor Nomen, deren Anfangsbuchstabe ***u*** [ju] ausgesprochen wird (vgl. dagegen oben *uncle*); – [i:] ausgesprochen vor Nomen, die mit einem stummen *h* beginnen (vgl. dagegen oben *houses*).

	Gebrauch	
The girl with the ball is my sister.	*Das Mädchen mit dem Ball ist meine Schwester.*	Der bestimmte Artikel *the* weist auf **genauer bestimmte** Personen oder Sachen hin.

3. Nomen ohne Artikel

Nouns without an article

		Kein Artikel steht bei
Sven is a nice boy.	*Sven ist ein netter Junge.*	– Eigennamen,
He comes from Paris.	*Er kommt aus Paris.*	– Städten,
He lives in America.	*Er wohnt in Amerika.*	– Ländern,
It's cold in winter.	*Im Winter ist es kalt.*	– Jahreszeiten,
In August it's nice.	*Im August ist es schön.*	– Monaten,
He goes on Mondays.	*Er geht montags.*	– Wochentagen,
I have lunch at 12 o'clock.	*Ich esse um 12 Uhr zu Mittag.*	– Mahlzeiten,
She goes by train. They eat at school. I walk to work. It's on TV now.	*Sie fährt mit dem Zug.* *Sie essen in der Schule.* *Ich gehe zu Fuß zur Arbeit.* *Es ist jetzt im Fernsehen.*	– gelegentlich bei Redewendungen.

5

5

Pronomen

1. Die Personalpronomen

The personal pronouns

a) Subjektformen der Personalpronomen

	Singular	
I'm eleven years old.	*Ich bin elf Jahre alt.*	***I*** wird immer großgeschrieben!
Peter, where are you? Mrs Brown, are you my new teacher?	*Peter, wo bist du?* *Frau Brown, sind Sie meine neue Lehrerin?*	Im Englischen gibt es keinen Unterschied zwischen „du" und „Sie": Es heißt in beiden Fällen ***you***.
Peter? – He's a boy. Timmy? – He's a dog.	*Peter? – Er ist ein Junge.* *Timmy? – Er ist ein Hund.*	***He*** steht für – **eine** männliche Person oder – **ein** männliches Tier (mit Eigennamen).
Katrin? – She's a girl. Pussy? – She's my cat.	*Katrin? – Sie ist ein Mädchen.* *Pussy? – Sie ist meine Katze.*	***She*** steht für – **eine** weibliche Person oder – **ein** weibliches Tier (mit Eigennamen).
Where is the house? – It's here. Where's the pen? – It's here. Take an orange. – It's good! Is that your hamster? – No, it isn't.	*Wo ist das Haus? – Es ist hier.* *Wo ist der Füller? – Er ist hier.* *Nimm eine Apfelsine. – Sie ist gut!* *Ist das dein Hamster? – Nein, er ist es nicht.*	***It*** steht für – **eine** Sache oder – **ein** Tier (ohne Eigennamen). **Achtung:** Im Deutschen kann *it* „er", „sie" oder „es" heißen!

	Plural	
Peter and I are friends. We are in the same class.	*Peter und ich sind Freunde. Wir sind in derselben Klasse.*	Das Pronomen ***we*** wie wird genauso gebraucht wie das deutsche „wir“.
Sven and Barbara, have you got your books? Mr and Mrs Meyer, are you Sven's parents?	*Sven und Barbara, habt ihr eure Bücher?* *Herr und Frau Meyer, sind Sie Svens Eltern?*	Auch im Plural gibt es im Englischen keinen Unterschied zwischen „du“ und „Sie“. Es heißt immer ***you***.
		They steht für **zwei oder mehr**
The teachers? – They're good.	*Die Lehrer? – Sie sind gut.*	– Personen,
Timmy and Bobby? – They're my dogs.	*Timmy und Bobby? – Sie sind meine Hunde.*	– Tiere oder
Look at the apples! – They're good!	*Schau dir die Äpfel an! – Sie sind gut!*	– Sachen.

Personalpronomen (Subjektform) im Überblick

	englisch	**deutsch**
1. Person Singular	I	*ich*
2. Person Singular	you	*du/Sie*
3. Person Singular	he she it	*er* *sie* *er/sie/es*
1. Person Plural	we	*wir*
2. Person Plural	you	*ihr/Sie*
3. Person Plural	they	*sie*

b) Objektformen der Personalpronomen

	Singular	
Can you hear me? Give me the book, please!	*Kannst du mich hören? Gib mir bitte das Buch!*	Im Englischen gibt es für jedes Personalpronomen nur **eine** Objektform, im Deutschen dagegen häufig zwei: ***me*** entspricht „mich“ und „mir“.
Peter, he's waiting for you. He can help you. Mrs Miller, I've got something for you. Can I talk to you?	*Peter, er wartet auf dich. Er kann dir helfen. Frau Miller, ich habe etwas für Sie. Kann ich mit Ihnen sprechen?*	***You*** wird beim Duzen und beim Siezen verwendet (wie die Subjektform *you*).
Where's Peter? I can see him in the garden. Talk to him.	*Wo ist Peter? Ich kann ihn im Garten sehen. Sprich mit ihm!*	***Him*** steht für **eine** männliche Person oder **ein** männliches Tier (mit Eigennamen).
And Katrin? I can see her there, too. Say hello to her!	*Und Katrin? Ich kann sie auch dort sehen. Sage ihr Guten Tag!*	***Her*** steht für **eine** weibliche Person oder **ein** weibliches Tier (mit Eigennamen).
Is that a rabbit? Yes, I can see it, too. Give it some water.	*Ist das ein Kaninchen? Ja, ich kann es auch sehen. Gib ihm etwas Wasser!*	***It*** steht für **eine** Sache oder **ein** Tier (ohne Eigennamen).

	Plural	
Sally and I go to school now. Do you come with us?	*Sally und ich gehen jetzt in die Schule. Kommst du mit uns mit?*	Der Gebrauch von ***us*** entspricht der Verwendung des deutschen „uns“.
Peter and Sven, we can help you. Mr and Mrs Miller, I've got something for you. Can I talk to you?	*Peter und Sven, wir können euch helfen.* *Herr und Frau Miller, ich habe etwas für Sie.* *Kann ich mit Ihnen sprechen?*	Auch im Plural wird ***you*** beim Duzen und beim Siezen verwendet.
Where are the boys? I can see them there. Can you help them?	*Wo sind die Jungen?* *Ich kann sie dort sehen.* *Kannst du ihnen helfen?*	***Them*** steht für **zwei oder mehr** Personen, Tiere oder Sachen.

Personalpronomen (Objektform) im Überblick

	englisch	deutsch
1. Person Singular	me	*mich/mir*
2. Person Singular	you	*dich/dir;* *Sie/Ihnen*
3. Person Singular	him her it	*ihn/ihm* *sie/ihr* *es/ihm* *ihn/ihm* *ihr/sie*
1. Person Plural	us	*uns*
2. Person Plural	you	*euch, Sie/Ihnen*
3. Person Plural	them	*sie/ihnen*

Subjekt- und Objektformen der Personalpronomen im Vergleich		
	Subjektform	**Objektform**
1. Person Singular	I	me
2. Person Singular	you	you
3. Person Singular	he she it	him her it
1. Person Plural	we	us
2. Person Plural	you	you
3. Person Plural	they	them

2. Die Possessivpronomen

The possessive pronouns

	Singular	
My name is Peter.	*Mein Name ist Peter.*	***My*** und die anderen Possessivpronomen drücken aus, (zu) wem etwas gehört.
Is it your bike, Tom? I know your brother, Mrs Brown.	*Ist es dein Fahrrad, Jim?* *Ich kenne Ihren Bruder, Frau Brown.*	Es gibt im Englischen keinen Unterschied zwischen „dein(e)" und „Ihr(e)": In beiden Fällen wird ***your*** verwendet.
Sven and his friends My dog Timmy is eating his meat.	*Sven und seine Freunde* *Mein Hund Timmy isst gerade sein Fleisch.*	Das Pronomen ***his*** bezieht sich auf – **eine** männliche Person oder – **ein** männliches Tier (mit Eigennamen).
Katrin and her doll My cat Pussy is playing with her ball.	*Katrin und ihre Puppe* *Meine Katze Pussy spielt gerade mit ihrem Ball.*	***Her*** bezieht sich auf – **eine** weibliche Person oder – **ein** weibliches Tier (mit Eigennamen).
the house and its garden the school and its teachers the cat and its ball	*das Haus und sein Garten* *die Schule und ihre Lehrer* *die Katze und ihr Ball*	***It*** bezieht sich auf – **eine** Sache oder – **ein** Tier (ohne Eigennamen). **Achtung:** Im Deutschen kann das Possessivpronomen ***it*** „sein(e)" oder „ihr(e)" heißen!

5

	Plural	
These are our parents.	*Dies sind unsere Eltern.*	Der Gebrauch von ***our*** entspricht der Verwendung von „unser(e)“.
Do you please open your books, Jim and Sally? Is it your car, Mr and Mrs Brown?	*Öffnet ihr bitte eure Bücher, Jim und Sally?* *Ist es Ihr Auto, Herr und Frau Brown?*	Auch im Plural steht beim Duzen und beim Siezen ***your***.
		Their bezieht sich auf **zwei oder mehrere**
the boys and their teacher	*die Jungen und ihr Lehrer*	– Personen,
The cats are playing with their balls.	*Die Katzen spielen gerade mit ihren Bällen.*	– Tiere oder
the houses and their gardens	*die Häuser und ihre Gärten*	– Sachen.

Possessivpronomen im Überblick

	englisch	deutsch
1. Person Singular	my	*mein(e)*
2. Person Singular	your	*dein(e); Ihr(e)*
3. Person Singular	his her its	*sein(e)* *ihr(e)* *sein(e)/ihr(e)*
1. Person Plural	our	*unser(e)*
2. Person Plural	your	*euer(e); Ihr(e)*
3. Person Plural	their	*ihr(e)*

3. Personalpronomen und Possessivpronomen im Überblick

Personal pronouns and possessive pronouns: a survey

	Personalpronomen	Possessivpronomen
1. Person Singular	I/me	my
2. Person Singular	you/you	your
3. Person Singular	he/him she/her it/it	his her its
1. Person Plural	we/us	our
2. Person Plural	you/you	your
3. Person Plural	they/them	their

5

4. Die Demonstrativpronomen

The demonstrative pronouns

Formen

Singular	Plural
this	these
that	those

Gebrauch

This pullover and these T-shirts are nice.	*Dieser Pullover und diese T-Shirts sind schön.*	***This*** (im Singular) und ***these*** (im Plural) weisen auf Personen oder Sachen hin, **die in der Nähe des Sprechers** sind.
That girl and those boys are in my tennis club.	*Das Mädchen und die Jungen da sind in meinem Tennisverein.*	***That*** (im Singular) und ***those*** (im Plural) weisen auf Personen oder Sachen hin, die **weiter entfernt** sind.
Mary, this is Sven, and that's Katrin. Tom, these are your books. Mary, those are your books.	*Mary, dies ist Sven und das ist Katrin.* *Tom, dies sind deine Bücher. Mary, das sind deine Bücher.*	Bei **Gegenüberstellungen** sagt man – im Singular zuerst *this*, dann *that*, – im Plural zuerst *these*, dann *those*.

Verben

1. *to be* = sein

	Langformen	
I am Peter. You are Sven. He is a boy. She is a girl. It is a house.	*Ich bin Peter.* *Du bist Sven.* *Er ist ein Junge.* *Sie ist ein Mädchen.* *Es ist ein Haus.*	Im **Singular** hat ***to be*** drei Formen: – ***I am*** – ***you are*** – ***he/she/it is***
We are friends. You are sisters. They are brothers.	*Wir sind Freunde.* *Ihr seid Schwestern.* *Sie sind Brüder.*	Im **Plural** hat *to be* nur eine Form: *we/you/they* ***are***

Langformen und Kurzformen		
Langform	**Kurzform**	
I am Peter. You are Sven. He is a boy. She is a girl. It is a house. We are friends. You are sisters. They are brothers.	I'm Peter. You're Sven. He's a boy. She's a girl. It's a house. We're friends. You're sisters. They're brothers.	Zu jeder (Lang-)Form von *to be* gibt es auch eine Kurzform. Die **Langform** verwendet man meist beim Schreiben. Die **Kurzform** gebraucht man beim Sprechen (und wenn man Gespräche aufschreibt).

5

Bildung der Verneinung

I am not ill. You are not ten. Peter is not here. We are not old.	*Ich bin nicht krank.* *Du bist nicht zehn.* *Peter ist nicht hier.* *Wir sind nicht alt.*	Die **Langformen** *am, are* und *is* werden verneint, indem man ihnen ***not*** hinzufügt.
I'm not your friend. You aren't ill. It isn't good. They aren't here.	*Ich bin nicht dein Freund.* *Du bist nicht krank.* *Es ist nicht gut.* *Sie sind nicht hier.*	Es gibt auch **verneinte Kurzformen.** Beachte die unterschiedliche Art der Verkürzung zwischen *I'm not* und *he isn't/they aren't!*

Bildung der Frage

Are you ill? Is he at home? Are they tired? Are they not hungry? Aren't they hungry?	*Bist du krank?* *Ist er zu Hause?* *Sind sie müde?* *Sind sie nicht hungrig?*	Fragen mit *to be* werden durch einfache Umstellung gebildet: Form von ***to be*** **+ Subjekt + Ergänzung.** Bei verneinten Fragen sind Kurz- und Langformen möglich.

to be im Überblick

bejahte Formen		**verneinte Formen**		**Frageform**	
Langform	Kurzform	Langform	Kurzform	Langform	Kurzform
I am you are he is she is it is	I'm you're he's she's it's	I am not you are not he is not she is not it is not	I'm not you aren't he isn't she isn't it isn't	am I are you is he is she is it	– aren't you isn't he isn't she isn't it
we are you are they are	we're you're they're	we are not you are not they are not	we aren't you aren't they aren't	are we are you are they	aren't we aren't you aren't they

2. *have got / has got* = haben, besitzen

	Langformen	
I have got a pen. You have got a friend.	*Ich habe einen Füller.* *Du hast einen Freund.*	Im **Singular** hat *have got* zwei Formen: – *I/you* ***have got***
He has got a dog. She has got a cat. It has got a name.	*Er hat einen Hund.* *Sie hat eine Katze.* *Es hat einen Namen.*	– *he/she/it* ***has got***
We have got a house. You have got a bus. They have got a garden.	*Wir haben ein Haus.* *Ihr habt einen Bus.* *Sie haben einen Garten.*	Im **Plural** gibt es nur eine Form: – *we/you/they* ***have got***

Langformen und Kurzformen

Langform	Kurzform	
I have got a pen. You have got a friend. He has got a dog. She has got a cat. It has got a name.	I've got a pen. You've got a friend. He's got a dog. She's got a cat. It's got a name.	Zu jeder (Lang-)Form von *have got* gibt es auch eine Kurzform. Die **Langform** verwendet man meist beim Schreiben.
We have got a house. You have got a bus. They have got a garden.	We've got a house. You've got a bus. They've got a garden.	Die **Kurzform** gebraucht man beim Sprechen (und wenn man Gespräche aufschreibt).

	Bildung der Verneinung	
I have not got your pen. She has not got a bike. We have not got a garden.	*Ich habe deinen Füller nicht.* *Sie hat kein Fahrrad.* *Wir haben keinen Garten.*	Die **Langformen** *have got* und *has got* werden verneint, indem man ***not*** zwischen *have* bzw. *has* und *got* einfügt: ***have + not + got*** ***has + not + got***
You haven't got the book. He hasn't got a magazine. They haven't got a newspaper.	*Du hast das Buch nicht.* *Er hat keine Zeitschrift.* *Sie haben keine Zeitung.*	Die **Kurzformen** in der Verneinung lauten ***haven't got*** und ***hasn't got.***

	Bildung der Frage	
Have you got a book? Has she got a doll? Have we got an umbrella? Haven't you got a ruler? Haven't they got a car?	*Hast du ein Buch?* *Hat sie eine Puppe?* *Haben wir einen Schirm?* *Habt ihr kein Lineal?* *Haben sie kein Auto?*	Fragen mit *have/has got* werden durch einfache Umstellung gebildet: ***have/has* + Subjekt + *got.*** Bei verneinten Fragen sind Kurzformen üblich.

have got im Überblick (bejahte Formen)

	Langform	**Kurzform**
Singular	I have got you have got he has got she has got it has got	I've got you've got he's got she's got it's got
Plural	we have got you have got they have got	we've got you've got they've got

have got im Überblick (verneinte Formen)

	Langform	Kurzform
Singular	I have not got you have not got he has not got she has not got it has not got	I haven't got you haven't got he hasn't got she hasn't got it hasn't got
Plural	we have not got you have not got they have not got	we haven't got you haven't got they haven't got

have got im Überblick (Frageform)

	Langform	Kurzform
Singular	have I got have you got has he got has she got has it got	– – – – –
Plural	have we got have you got have they got	– – –

5

3. *Present tense*

Im Englischen gibt es **zwei** Präsensformen:

1. *simple present,* die **einfache** Form des Präsens. Sie entspricht dem deutschen Präsens: *I see him* = Ich sehe ihn.
2. *present progressive,* die **Verlaufsform** des Präsens. Diese Zeitform gibt es im Deutschen nicht: *I am writing* = Ich schreibe gerade.

a) *simple present*

	Bildung	
I always go home. You speak good German. We like tea. They work every day.	*Ich gehe immer nach Hause.* *Du sprichst gutes Deutsch.* *Wir mögen Tee.* *Sie arbeiten jeden Tag.*	Das *simple present* (die einfache Form des Präsens) hat die gleiche Form wie der Infinitiv ohne *to*.
He drinks tea every morning. Katrin often plays here. The hamster wants some water.	*Er trinkt jeden Morgen Tee.* *Katrin spielt oft hier.* *Der Hamster will Wasser.*	Die einzige Ausnahme ist die **3. Person Singular** *(he/she/it)*: Hier wird an den Infinitiv noch ein *-s* angehängt. **Achtung beim Schreiben:**
Peter often watches TV. (to watch) She finishes at 6 o'clock every day. (to finish)	*Peter sieht oft fern.* *Sie ist jeden Tag um 6 Uhr fertig.*	– Bei Verben, die auf einen **Zischlaut** enden, fügt man *-es* hinzu. Aussprache von *-es*: [ɪz].
She sometimes carries her little sister. (to carry)	*Sie trägt manchmal ihre kleine Schwester.*	– Nach einem **Konsonanten** wird *-y* zu *-ies*,
He buys it every evening. (to buy)	*Er kauft es jeden Abend.*	– *-y* nach einem **Vokal** bleibt dagegen erhalten.

She usually does her homework. (to do) She goes to school at 8.45. (to go)	*Normalerweise macht sie ihre Hausaufgaben.* *Sie geht um 8.45 Uhr zur Schule.*	– *-o* wird zu *-oes*,
Sven never has toast. (to have)	*Sven isst nie Toast.*	– *have* wird zu *has*.

5

5

Bildung der Verneinung

I do not eat it. You do not know him. We do not go to school. You do not see him. They do not like it.	*Ich esse es nicht.* *Du kennst ihn nicht.* *Wir gehen nicht in die Schule.* *Ihr seht ihn nicht.* *Sie mögen es nicht.*	Die Verneinung wird mit dem Hilfsverb ***do* + *not* + Infinitiv** (ohne *to*) gebildet.
The dog does not bark. She does not go. It does not fit.	*Der Hund bellt nicht.* *Sie geht nicht.* *Es passt nicht.*	In der **3. Person Singular** *(he/she/it)* lautet die Verneinung ***does* + *not* + Infinitiv** (ohne *to*).

Lang- und Kurzformen in der Verneinung

I do not eat it. They do not like it.	I don't eat it. They don't like it.	Die Kurzform zu *do not* heißt ***don't.***
The dog does not bark. She does not go.	The dog doesn't bark. She doesn't go.	Die Kurzform zu *does not* lautet ***doesn't.***

Bildung der Frage

Do you like cake? Do they want some tea?	*Mögen Sie Kuchen?* *Wollen sie etwas Tee?*	Die Frage wird im *simple present* gebildet aus: ***do* + Subjekt + Infinitiv** (ohne *to*).
Does Sven play tennis? Does it fit?	*Spielt Sven Tennis?* *Passt es?*	In der **3. Person Singular** *(he/she/it)* besteht die Frage aus: ***does* + Subjekt + Infinitiv** (ohne *to*).

Gebrauch des *simple present*

Peter always plays football on Fridays. They go to work every day. In the morning Katrin listens to her cassettes.	*Peter spielt freitags immer Fußball.* *Sie gehen jeden Tag zur Arbeit.* *Vormittags hört Katrin ihre Kassetten an.*	Das *simple present* bezeichnet – gewohnheitsmäßige Handlungen, **Signalwörter:** *every day, always, often, sometimes, usually, never, on Friday(s), in the morning(s)…*
First they have lunch, then they do their homework and after that they go to the club.	*Zuerst essen sie zu Mittag, dann machen sie ihre Hausarbeiten und danach gehen sie in den Club.*	– aufeinander folgende Handlungen, **Signalwörter:** *first, then, after that, soon, at last…*
I don't see him, but I hear him.	*Ich sehe ihn nicht, aber ich höre ihn.*	Einige Verben erscheinen in der Regel **nur in der *simple form:*** – Verben der Sinneswahrnehmung: *to see, to hear…*
She doesn't want it. They like him.	*Sie will es nicht.* *Sie mögen ihn.*	– Verben, die Gefühle oder Wünsche ausdrücken: *to like, to love, to hate, to want…*
He doesn't know it. I understand.	*Er weiß es nicht.* *Ich verstehe.*	– Verben des Wissens und Meinens: *to know, to understand, to think…*

5

b) *present progressive*

	Bildung	
I am working. I'm working. He is going. He's going. They are playing. They're playing.	*Ich arbeite gerade.* *Er geht gerade.* *Sie spielen im Augenblick.*	Das *present progressive* (die Verlaufsform des Präsens) wird gebildet aus einer Form von ***to be*** + **Infinitiv** + **-*ing*-Endung** (*am/are/is* + Infinitiv + *-ing*). Wie bei *am/are/is* als Vollverben (vgl. S. 15/16) können auch mit *am/are/is* als Hilfsverben Lang- und Kurzformen gebildet werden. **Achtung beim Schreiben:** Vor *-ing* verändern sich die Endungen mancher Infinitive:
He is coming. (to come) The sun is shining. (to shine)	*Er kommt gerade.* *Die Sonne scheint im Augenblick.*	– Das stumme End *-e* entfällt;
She's lying on the beach. (to lie) He's tying up the boxes. (to tie)	*Sie liegt gerade am Strand.* *Er verschnürt gerade die Schachteln.*	– *-ie* wird zu *-y*;
I'm getting up. (to get) They're shopping. (to shop) We're winning. (to win)	*Ich stehe gerade auf.* *Sie kaufen gerade ein.* *Wir gewinnen im Augenblick.*	– nach kurzem, betonten Vokal wird der Endkonsonant verdoppelt.

Bildung der Verneinung

I am not helping. She is not working. We are not talking.	*Ich helfe gerade nicht.* *Sie arbeitet gerade nicht.* *Wir sprechen im Augenblick nicht.*	Die Verneinung wird gebildet, indem man ***not*** einfügt: ***am/are/is* + *not* + Infinitiv mit *-ing*-Endung.**

Lang- und Kurzformen in der Verneinung

I am not helping. She is not working. We are not talking.	I'm not helping. She isn't working. We aren't talking.	Beachte bei den verneinten **Kurzformen** die unterschiedliche Art der Verkürzung zwischen *I'm not* und *he isn't/they aren't!*

Bildung der Frage

Is he working? Are you doing your homework?	*Arbeitet er?* *Machst du deine Hausaufgaben?*	Die Frage wird im *present progressive* gebildet aus: ***am/are/is* + Subjekt + Infinitiv mit *-ing*-Endung.**

Gebrauch des *present progressive*

What are you doing at the moment, Sven? I'm reading. And you? I'm working at the computer.	*Was machst du im Augenblick, Sven?* *Ich lese gerade. Und du?* *Ich arbeite am Computer.*	Das *present progressive* beschreibt das, was man gerade tut. **Signalwörter:** *now, today, at the moment, this morning (afternoon/evening/week).* Im Deutschen wird der Verlauf einer Handlung mit den Worten „gerade", „im Augenblick" o.ä. ausgedrückt.

4. *Going to-future*

	Bildung	
I'm going to leave soon. They are going to fly to London.	*Ich beabsichtige, bald abzufahren.* *Sie beabsichtigen, nach London zu fliegen.*	Das *going to-future* wird gebildet aus einer Form von ***to be* +** ***going to* + Infinitiv** (*am/are/is* + *going to* + Infinitiv).

	Bildung der Verneinung	
They are not going to sell their car. He isn't going to wait.	*Sie haben nicht vor, ihr Auto zu verkaufen.* *Er hat nicht vor zu zu warten.*	Die Verneinung wird im *going to-future* gebildet, indem man ***not*** zwischen die Form von *to be* und *going to* einfügt: ***am/are/is* + *not* + *going to* + Infinitiv.** Auch hier gibt es Lang- und Kurzformen.

	Bildung der Frage	
What are you going to do tomorrow?	*Was hast du morgen vor?*	Die Frage wird im *going to-future* gebildet aus: ***am/are/is* + Subjekt + *going to* + Infinitiv.**

	Gebrauch	
I'm going to write you a letter. What are you going to do this weekend?	*Ich beabsichtige, dir einen Brief zu schreiben.* *Was habt ihr dieses Wochenende vor?*	Das *going to-future* beschreibt das, was man vorhat oder zu tun beabsichtigt.

5. Der Imperativ

The imperative

a) bejahter Imperativ

	Bildung	
Open the door.	*Öffne die Tür!* *Öffnen Sie die Tür!* *Öffnet die Tür!*	Der Imperativ (die Befehlsform) hat die gleiche Form wie der Infinitiv ohne *to*. Im Gegensatz zum Deutschen gibt es nur **eine** Form, unabhängig davon, ob eine oder mehrere Personen angesprochen werden.
Shut the window.	*Schließ(e) das Fenster!* *Schließen Sie das Fenster!* *Schließt das Fenster!*	

	Gebrauch	
Go away.	*Geh weg!* *Gehen Sie weg!* *Geht weg!*	Der Imperativ wird für **Befehle** und **Aufforderungen** benutzt.
Let's go.	*Lass uns gehen.* *Lassen Sie uns gehen.* *Lasst uns gehen.*	**Achtung:** Um Vorschläge zu machen, verwendet man ***let's*** + **Infinitiv** (ohne *to*).

5

b) verneinter Imperativ

	Bildung	
Don't touch it.	*Fass es nicht an!* *Fassen Sie es nicht an!* *Fasst es nicht an!*	Der verneinte Imperativ wird aus ***do not*** + **Infinitiv** (ohne *to*) gebildet. Verkürzt: ***don't*** + **Infinitiv.**

	Gebrauch	
Don't use that word. Please don't go.	*Benutz(e) das Wort nicht!* *Benutzen Sie das Wort nicht!* *Benutzt das Wort nicht!* *Geh bitte nicht!* *Gehen Sie bitte nicht!* *Geht bitte nicht!*	Den **verneinten** Imperativ verwendet man, um eine oder mehrere Personen aufzufordern, etwas **nicht** zu tun.

6. Modale Hilfsverben

Modal auxiliaries

a) *can*

	Bejahte Sätze	
I can go now. They can read my book.	*Ich kann jetzt gehen.* *Sie können mein Buch lesen.*	Das Hilfsverb ***can*** heißt auf Deutsch „können“. Es ist in allen Personen gleich und bildet immer eine Einheit mit dem Infinitiv (ohne *to*).

	Verneinte Sätze	
He cannot sing. He can't sing.	*Er kann nicht singen.*	Die Verneinung von *can* heißt ***cannot*** oder (verkürzt) ***can't.***

b) *must*

	Bejahte Sätze	
He must do his homework. They must go home.	*Er muss seine Hausaufgaben machen.* *Sie müssen nach Hause gehen.*	Das Hilfsverb ***must*** heißt auf Deutsch „müssen“. Es ist in allen Personen gleich und bildet immer eine Einheit mit dem Infinitiv (ohne *to*).

5

	Verneinte Sätze	
I need not go. I needn't go.	*Ich brauche nicht zu gehen. / Ich muss nicht gehen.*	Die Verneinung von *must* heißt ***need not*** oder (verkürzt) ***needn't.***
He mustn't go.	*Er **darf** nicht gehen.*	**Achtung:** Die Verneinung von *must* ist **nicht** *mustn't!*

c) *may*

	Bejahte Sätze	
He may open the box. They may get up now.	*Er darf die Schachtel öffnen.* *Sie dürfen jetzt aufstehen.*	Das Hilfsverb ***may*** heißt auf Deutsch „dürfen". Es ist in allen Personen gleich und bildet immer eine Einheit mit dem Infinitiv (ohne *to*).

	Verneinte Sätze	
He may not go. You mustn't come!	*Er darf nicht gehen.* *Du darfst nicht kommen!*	Die Verneinung von *may* heißt ***may not*** oder ***must not*** (verkürzt: ***mustn't***). *Must not* ist das stärkere Verbot.

d) Die Formen von *can, must* und *may* im Überblick

	bejahte Formen	verneinte Formen
can = „können“	can	cannot/can’t
must = „müssen“	must	need not/needn’t
may = „dürfen“	may	may not must not/mustn’t

e) Fragen mit *can, must* und *may*

	Bildung von Fragen	
Can you help Sven? Must you go now? May we watch TV?	*Kannst du Sven helfen?* *Musst du jetzt gehen?* *Dürfen wir fernsehen?*	Die Frage wird mit *can, must* und *may* folgendermaßen gebildet: ***can/must/may*** + **Subjekt + Infinitiv** (ohne *to*).

5

Der Satz

1. Die Wortstellung im bejahten Aussagesatz

Word order in a positive sentence

Die Stellung von Subjekt, Verb und Objekt				
		Subjekt	Verb	Objekt
Hauptsatz		Peter She	is doing can't come	his homework.
Nebensatz	because	her mother	hasn't got	the car.

- Sowohl in Haupt- wie auch in Nebensätzen steht die Wortstellung im Englischen fest: **Subjekt – Verb – Objekt.**
- **Achtung:**
  Im Gegensatz zum Deutschen dürfen im Englischen **Verb und Objekt nie getrennt** werden!

Die Stellung von Orts- und Zeitangaben					
Zeit	Subjekt	Verb	Objekt	Ort	Zeit
 Today	They Sven	have is playing	lunch football	at home at school.	every day.

- Orts- und Zeitangaben stehen in der Regel am Satzende. Dabei gilt: Ort vor Zeit.
- Die Zeitangabe kann auch am Satzanfang stehen.

Die Stellung von Adverbien der Häufigkeit

They sometimes go there. They always get their books. He doesn't always do his homework. She can usually answer the teacher's questions.	*Sie gehen manchmal dahin.* *Sie bekommen immer ihre Bücher.* *Er macht nicht immer seine Hausaufgaben.* *Normalerweise kann sie die Fragen des Lehrers beantworten.*	Adverbien der Häufigkeit *(sometimes, always, never, usually…)* stehen immer **vor dem Vollverb.** Gibt es in dem Satz ein Hilfsverb, so steht das Adverb **zwischen Hilfsverb und Vollverb.**
Tom is never at home. They are usually quiet.	*Tom ist nie zu Hause.* *Sie sind normalerweise ruhig.*	Die einzige **Ausnahme** bildet das Vollverb *to be:* Das Adverb der Häufigkeit steht **nach *am/are/is.***

2. Fragen ohne Fragewörter

Questions without question words

		Bildung		
Hilfsverb	**Subjekt**	**Vollverb**		
Have	the boys	got	the car?	Fragen ohne Fragewörter (Entscheidungsfragen) werden folgendermaßen gebildet: **Hilfsverb + Subjekt + Vollverb.** – ***have got:*** *have/has* +Subjekt + *got*
Does	she	try?		– ***simple present:*** *do/does* + Subjekt + Infinitiv
Is	she	working?		– ***present progressive:*** *am/are/is* + Subjekt + Infinitiv mit *-ing*-Endung
Can	he	play	now?	– ***modale Hilfsverben:*** *can/must/may* + Subjekt + Infinitiv
Am Are Is	I they Mary		too late? here? at home?	**Ausnahme:** Die Formen *am/are/is* des Vollverbs *to be* benötigen **kein Hilfsverb** zur Bildung einer Frage.

3. Fragen mit Fragewörtern

Questions with question words

		Bildung		
Fragewort	**Hilfsverb**	**Subjekt**	**Vollverb**	
Why	is	she	running?	*Warum läuft sie?*
When	are	they	singing?	*Wann singen sie?*
How	does	he	play?	*Wie spielt er?*
Who	may	I	ask?	*Wen darf ich fragen?*
How much	have	we	got?	*Wie viel haben wir?*
	Vollverb			
Where	am	I?		*Wo bin ich?*

Fragen mit Fragewörtern werden gebildet aus:
Fragewort + Hilfsverb + Subjekt + Vollverb.

Das benötigte Hilfsverb kann sein:
- im *present progressive:* ***am/are/is,***
- im *simple present:* ***do/does,***
- ein modales Hilfsverb: ***can/may/must,***
- bei *have got:* ***have/has.***

Ausnahme:
Die Formen *am/are/is* des Vollverbs *to be* benötigen **kein Hilfsverb** zur Fragebildung.

	Das Fragewort *who* als Subjekt		
Subjekt	**Verb**		
Who	is working	now?	Das Fragewort *who* kann **Subjekt** des Satzes sein. In diesem Fall wird die Frage im *simple present* **nicht** mit *to do* umschrieben.
Wer	*arbeitet*	*gerade?*	
Who	can come?		
Wer	*kann kommen?*		
Who	plays	tennis?	
Wer	*spielt*	*Tennis?*	

Objekt	Hilfsverb	Subjekt	Vollverb	
Who	do	you	see?	*Wen siehst du?*
Who	is	she	watching?	*Wem schaut sie gerade zu?*
Who	can	they	help?	*Wem können sie helfen?*

Who als **Objekt:** Das Fragewort *who* kann auch **Objekt** des Fragesatzes sein. In diesem Fall muss mit *to do* umschrieben werden, wenn kein anderes Hilfsverb *(is, can…)* im Satz vorhanden ist.

4. Kurzantworten

Short answers

	Bildung	
		Eine Kurzantwort ist ein verkürzter Satz, der *yes* oder *no* ergänzt. Er wird aus Teilen der vorangehenden Entscheidungsfrage gebildet: **Subjekt** (als Pronomen!) + **Hilfsverb** *(+ not)*.
Has Peter got a dog? *Hat Peter einen Hund?* Have they got a cat? *Haben sie eine Katze?*	Yes, he has. *Ja.* No, they haven't. *Nein.*	– ***have got:*** Bei der Kurzantwort wird *got* weggelassen.
Do they know? *Wissen sie es?* Does Mary like him? *Mag Mary ihn?*	Yes, they do. *Ja.* No, she doesn't. *Nein.*	– ***simple present:*** Der Infinitiv wird weggelassen.
Are they playing ball? *Spielen sie gerade Ball?* Is he running fast? *Läuft er im Augenblick schnell?*	Yes, they are. *Ja.* No, he isn't. *Nein.*	– ***present progressive:*** Der Infinitiv mit *-ing*-Endung fällt weg.
Can Tom come? *Kann Tom kommen?* May we go now? *Dürfen wir jetzt gehen?*	Yes, he can. *Ja.* No, you mustn't. *Nein.*	– **modale Hilfsverben:** Der Infinitiv wird weggelassen.
Is Sven German? *Ist Sven Deutscher?* Are you from Berlin? *Kommst du aus Berlin?*	Yes, he is. *Ja.* No, I'm not. *Nein.*	– **Ausnahme:** das **Vollverb *to be:*** Subjekt + **Voll**verb *(+ not)* Bei Nein-Antworten verwendet man die Kurzformen. Bei Ja-Antworten sind keine Kurzformen möglich.

5

	Gebrauch	
Frage	**Kurzantwort**	
Can you ask him? *Kannst du ihn fragen?* Has your brother got a key? *Hat dein Bruder einen Schlüssel?*	Yes, I can. *Ja.* No, he hasn't. *Nein.*	Im Englischen wird die Antwort *yes* oder *no* häufig noch durch eine Kurzantwort ergänzt. Das klingt höflicher. Im Deutschen antwortet man im Allgemeinen nur mit „ja" oder „nein".

5. *There is …* und *there are …*

There is a book in the box. There's a cat in the window. There are 3 hamsters in the shop.	*Es ist ein Buch in der Schachtel.* *Da ist eine Katze im Fenster.* *Es gibt 3 Hamster im Laden.*	***There is*** heißt auf Deutsch „da ist“, „es ist“ oder „es gibt“. ***There are*** heißt entsprechend „da sind“, „es sind“ oder „es gibt“. – Steht das nachfolgende Nomen im **Singular,** benutzt man *there is* (Kurzform: *there's*). – Steht das nachfolgende Nomen im **Plural,** benutzt man *there are.*
There's a doll in the shop window.	*Eine Puppe ist im Schaufenster.*	*There is/there are* werden im Deutschen oft nicht übersetzt.

5

Zahlen, Datum, Uhrzeit

1. Grundzahlen

Cardinal numbers

1	one	18	eighteen
2	two	19	nineteen
3	three	20	twenty
4	four	21	twenty-one
5	five	22	twenty-two
6	six	30	thirty
7	seven	40	forty
8	eight	50	fifty
9	nine	60	sixty
10	ten	70	seventy
11	eleven	80	eighty
12	twelve	90	ninety
13	thirteen	100	a/one hundred
14	fourteen	200	two hundred
15	fifteen	210	two hundred and ten
16	sixteen	333	three hundred and thirty-three
17	seventeen		

Beachte:
- Zwischen Zehnern und Einern steht ein Bindestrich: *twenty-one.*
- Vor *hundred* steht immer der unbestimmte Artikel oder ein Zahlwort: *a/one hundred.*
- *Hundred* erhält kein Plural *-s: two hundred.*
- Bei Zahlen über 100 steht vor Zehnern und Einern *and:* *two hundred and ten; three hundred and thirty-three.*
- Folgende Unterschiede in der Schreibung führen häufig zu Fehlern:
  three (3) – **aber:** *thirteen* (13) und *thirty* (30)
  four (4) – **aber:** *forty* (40)
  five (5) – **aber:** *fifteen* (15) und *fifty* (50)
  eight (8) – **aber:** *eighteen* (18) und *eighty* (80)

2. Ordnungszahlen

Ordinal numbers

1st	first	12th	twelfth
2nd	second	13th	thirteenth
3rd	third	19th	nineteenth
4th	fourth	20th	twentieth
5th	fifth	21st	twenty-first
6th	sixth	22nd	twenty-second
7th	seventh	23rd	twenty-third
8th	eighth	24th	twenty-fourth
9th	ninth	30th	thirtieth
10th	tenth	31st	thirty-first
11th	eleventh	100th	hundredth

Beachte:
Die Ordnungszahlen werden in der Regel auf *-th* gebildet:
fourth (= „vierter"), *hundredth* (= „hunderter").

Ausnahmen:

- *First, second* und *third* sind unregelmäßige Formen. Sie werden auch bei zusammengesetzten Ordnungszahlen gebraucht: *twenty-first*…
- Bei den Zehnerzahlen von 20–90 wird *-y* vor *-th* in *-ie* umgewandelt: twentieth, thirtieth…
- Beachte folgende Unterschiede in der Schreibung:
  five (5) – **aber:** fifth (5.)
  eight (8) – **aber:** eighth (8.)
  nine (9) – **aber:** ninth (9.)
  twelve (12) – **aber:** twelfth (12.)

5

3. Datum

Date

Wochentage und Monate

Wochentage	Monate		
Monday Tuesday Wednesday Thursday Friday Saturday Sunday	January February March April May June July	August September October November December	Die Wochentage und die Monate werden immer **großgeschrieben.**

Datum

Schreibung	Aussprache	
Monday, May 3rd Monday, May 3 Monday, 3rd May Monday, 3 May	May the third May the third the third of May the third of May	Es gibt mehrere Möglichkeiten, das Datum zu schreiben. Das Datum wird anders geschrieben als gesprochen.
1998	nineteen hundred and ninety-eight	Das Jahr kann als – ganze Zahl oder
1998	nineteen ninety-eight	– verkürzt als zwei Zahlen gesprochen werden.

4. Die Uhrzeit

Telling the time

4.00	four o'clock	– Bei **vollen Stunden** sagt man ***o'clock*** nach der Zahl.
4.14 4.15 4.30	fourteen minutes past four (a) quarter past four half past four	– Von der **1. bis zur 30. Minute** bezieht man sich mit ***past*** auf die vorhergehende Stunde.
4.20	twenty (minutes) past four	– Bei **Zeitangaben mit Fünferzahlen** (5, 10, 15...) kann man ***minutes*** weglassen.
4.45 4.59	a quarter to five one minute to five	– Von der **31. bis zur 59. Minute** bezieht man sich mit ***to*** auf die folgende Stunde.
11.50 22.19 6.05	eleven fifty twenty-two nineteen six oh-five	Bei **Fahrplänen** nennt man nur die Grundzahlen.

5

5

Rechtschreibung und Aussprache

1. Besonderheiten in der Rechtschreibung

	Großschreibung	
		Im Englischen werden immer großgeschrieben:
We like him.	*Wir mögen ihn.*	– das erste Wort im Satz
Where am I?	*Wo bin ich?*	– das Personalpronomen ***I***
Tom is my brother.	*Tom ist mein Bruder.*	– Eigennamen
He is in London.	*Er ist in London.*	– Städtenamen
Susan is visiting Germany.	*Susan besucht Deutschland.*	– Ländernamen
She speaks German.	*Sie spricht deutsch.*	– Sprachen
She is English.	*Sie ist Engländerin.*	– Staatsangehörigkeiten
Can you come on Monday?	*Kannst du Montag kommen?*	– Wochentage
Our holidays are in in August.	*Unsere Ferien liegen im August.*	– Monate
My school is the Park School. Peter Brown is my dad. Here's Dad!	*Meine Schule ist die Park-Schule.* *Peter Brown ist mein Papa. Hier ist Papa!*	**Achtung:** Einige Nomen können als Eigennamen verwendet werden.

Schreibung zusammengesetzter Nomen		
		Für zusammengesetzte Nomen gibt es unterschiedliche Schreibweisen:
class teacher	*Klassenlehrer*	– getrennt,
school-bag	*Schultasche*	– mit Bindestrich,
textbook	*Lehrbuch*	– in einem Wort.
		Achtung: Bei vielen Wörtern gibt es keine eindeutige Regelung, ob sie mit oder ohne Bindestrich geschrieben werden.

5

	Der *s*-Genitiv	
Sven's bike the teacher's book the women's club	*Svens Fahrrad* *das Buch des Lehrers* *der Frauenclub*	Der Genitiv wird mit **Apostroph + -*s*** gebildet, – wenn das Nomen im Singular steht, – bei unregelmäßigen Pluralformen.
the taxi drivers' cars	*die Autos der Taxifahrer*	Bei Pluralformen auf -*s* fügt man nur den **Apostroph** hinzu.

	-*y* wird zu -*ie*	
twenty – twentieth lady – ladies to carry – he carries	*zwanzig – zwanzigste(r, s)* *Dame – Damen* *tragen – er trägt*	Nach einem Konsonanten wird -*y* zu -*ie* – vor der Endung -*th* bei Ordnungszahlen, – vor dem Plural-*s* bei Nomen, – vor der Endung -*s* bei der 3. Person Singular Präsens der Verben.
boy – boys to buy – she buys	*Junge – Jungen* *kaufen – sie kauft*	**Achtung:** Nach einem **Vokal** bleibt das -*y* vor der Endung -*s* erhalten!

	-*ie* wird zu -*y*	
to tie – she is tying to lie – he is lying	*verschnüren – sie verschnürt gerade* *liegen – er liegt gerade*	Vor der -*ing*-Endung beim *present progressive* wird -*ie* zu -*y*.

Wegfall des stummen End *-e*		
to come – he is coming to shine – the sun is shining	*kommen – er kommt gerade* *scheinen – die Sonne scheint im Augenblick*	Das stumme End *-e* entfällt vor der *-ing*-Endung beim *present progressive.*

Verdoppelung des Endkonsonanten		
to win – they are winning to sit – she is sitting to swim – he is swimming	*gewinnen – sie gewinnen gerade* *sitzen – sie sitzt gerade* *schwimmen – er schwimmt gerade*	Vor der *-ing*-Endung beim *present progressive* wird der **Endkonsonant** nach kurzem Vokal **verdoppelt.**

-o wird zu *-oe*		
to go – she goes to do – he does	*gehen – sie geht* *tun – er tut*	Vor der Endung *-s* bei der 3. Person Singular Präsens der Verben wird *-o* zu *-oe.*

Eingeschobenes *-e* nach Zischlaut		
class – classes box – boxes to finish – she finishes to fix – she fixes	*Klasse – Klassen* *Schachtel – Schachteln* *beenden – sie beendet* *befestigen – sie befestigt*	Nach einem **Zischlaut** wird vor die Endung *-s* ein *-e* eingeschoben – bei der Pluralbildung der Nomen, – bei der Bildung der 3. Person Singular Präsens der Verben.

5

Es gibt eine Reihe von Wörtern, die die **gleiche Aussprache** haben, die aber unterschiedlich geschrieben werden und eine andere Bedeutung haben. Im Satzzusammenhang kann man die Wörter unterscheiden.

	Gleich klingende Wörter	
they're their there	They're short. Their car is new. There are nice cats.	*Sie sind kurz.* *Ihr Auto ist neu.* *Es gibt nette Katzen.*
you're your	You're my best friend. Where is your dog?	*Du bist mein bester Freund.* *Wo ist dein Hund?*
it's its	It's my rabbit. Its box is here.	*Es ist mein Kaninchen.* *Sein Karton ist hier.*
sun son	Tom's lying in the sun. Peter is Mrs Brown's son.	*Tom liegt in der Sonne.* *Peter ist Frau Browns Sohn.*
who's whose	Who's your new teacher? Whose bike is it?	*Wer ist dein neuer Lehrer?* *Wessen Fahrrad ist es?*
two too to	I've got two cats. He can come, too. She's flying to London.	*Ich habe zwei Katzen.* *Er kann auch kommen.* *Sie fliegt nach London.*

Auch Wörter mit sehr **ähnlicher Aussprache** kann man am ehesten im Satzzusammenhang unterscheiden.

	Ähnlich klingende Wörter	
he's his	He's their dog. His name is Timmy.	*Er ist ihr Hund.* *Sein Name ist Timmy.*

	Stumme Konsonanten	
Who's at the door? Whose hat is that?	*Wer ist an der Tür?* *Wessen Hut ist das?*	Der Anfangsbuchstabe *w* in den Fragewörtern ***who*** und ***whose*** wird nicht gesprochen. Deshalb wird er beim Schreiben häufig vergessen.
an hour two eight answer	*eine Stunde* *zwei* *acht* *Antwort*	Auch andere Wörter enthalten Buchstaben, die nicht gesprochen werden.

2. Besonderheiten in der Aussprache

	Die Endung *-s*	
boy – boys to like – he likes	*Junge – Jungen* *mögen – er mag*	Der Plural der Nomen und die 3. Person Singular Präsens der Verben werden mit der Endung *-s* gebildet.
My hands [z] are cold. He sees [z] him.	*Meine Hände sind kalt.* *Er sieht ihn.*	Das Plural-*s* wird stimmhaft [z] ausgesprochen – nach **stimmhaften Konsonanten** (b, d, g, l, m, n, r, v …), – nach **Vokalen.**
She's got ten hats [s]! He often drinks [s] tea.	*Sie hat zehn Hüte!* *Er trinkt häufig Tee.*	Nach **stimmlosen Konsonanten** (p, t, k, f …) wird -*s* als [s] gesprochen.

	Die Silbe *-es* nach Zischlauten	
she fixes [iz] he promises [iz] peaches [iz] courses [iz] house [s] – houses [ziz]	*sie befestigt* *er verspricht* *Pfirsiche* *Kurse* *Haus – Häuser*	Die Endsilbe *-es* **nach Zischlauten** wird als [ɪz] gesprochen – bei der 3. Person Singular der Verben, – beim Plural der Nomen. Beachte die Aussprache von *houses!*

Der bestimmte Artikel *the*

		Der bestimmte Artikel ***the*** wird unterschiedlich ausgesprochen, je nachdem mit welchem Laut das nachfolgende Wort beginnt: Vor Wörtern, die mit
the [ə] girls the [ə] pen the [ə] houses	*die Mädchen* *der Füller* *die Häuser*	– einem **Konsonanten** beginnen, wird das *e* von *the* als [ə] gesprochen.
the [iː] oranges the [iː] apple the [iː] uncle	*die Apfelsinen* *der Apfel* *der Onkel*	– Vor Wörtern, die mit einem **Vokal** anfangen, wird das *e* von *the* [iː] ausgesprochen.
		Achtung: Entscheidend ist immer die Aussprache, nicht die Schreibung der Wörter! Daher wird das *e* von *the*
the [ə] unit	*die Lektion*	– als [ə] gesprochen vor Nomen, deren Anfangsbuchstabe *u* als [ju] gesprochen wird (vgl. dagegen oben *uncle*),
the [iː] hour	*die Stunde*	– als [iː] ausgesprochen vor Nomen, die mit einem stummen *h* beginnen. (Vgl. dagegen oben *houses*).

5

Wortliste

A

a/an = *ein, eine*
a lot = *viel*
a lot of = *viel, viele*
about = *über*
what about ... = *wie wär's mit ...*
after:
after that = *danach*
afternoon = *Nachmittag*
this afternoon = *heute Nachmittag*
in the afternoon = *am Nachmittag*
again = *wieder; (noch) einmal*
all = *alle*
along = *entlang, hinunter*
always = *immer*
America = *Amerika*
and = *und*
another = *noch ein(e); ein(e) anderer(e, es)*
answer = *Antwort*
to answer (answering) = *(be)antworten*
apple = *Apfel*
April = *April*
are = *(wir, sie, Sie) sind, (du) bist, (ihr) seid*
aren't = are not = *(wir, sie, Sie) sind nicht, (du) bist nicht, (ihr) seid nicht*
arm = *Arm; Armlehne*
to arrive = *ankommen*
as = *als*
as a prize = *als Preis*
to ask (asking) = *fragen*
at:
at home = *zu Hause*
at school = *in der Schule, an der Schule*
at the computer = *am Computer*
to look at = *anschauen*
at the door = *an der Tür*
at the supermarket = *im Supermarkt*
at half past six = *um halb sieben*
at the end = *am Ende*
at last = *endlich*
at the moment = *im Augenblick*
at the party = *bei dem Fest*
at the market = *auf dem Markt*
August = *August*
aunt = *Tante*
autumn = *Herbst*

B

baby:
baby sister = *kleine Schwester*
back = *zurück*
at the back = *hinten*
the back of the garden = *hinten im Garten*
bag = *Tasche, Tüte*
ball = *Ball*
banana = *Banane*
bar:
a bar of chocolate = *eine Tafel Schokolade*
to bark = *bellen*
basket = *Korb*
bathroom = *Badezimmer*
to be = *sein (Verb)*
Be quiet = *Sei(d)/Seien Sie ruhig!*
beach = *Strand*
bear = *Bär*
because = *denn, weil*
bed = *Bett*
bedroom = *Schlafzimmer*
before = *bevor*
to begin = *beginnen, anfangen*
behind = *hinter*
bell = *Klingel, Glocke*
best = *beste(r, s)*
between = *zwischen*

big = *groß*
bike = *Fahrrad*
biro = *Kugelschreiber*
birthday = *Geburtstag*
birthday present = *Geburtstagsgeschenk*
biscuit = *Keks*
black = *schwarz*
blazer = *Blazer*
blue = *blau*
book = *Buch*
bottle = *Flasche*
box (boxes) = *Karton, Kiste, Schachtel*
boy = *Junge*
the boy's biro = *der Kugelschreiber des Jungen*
breakfast = *Frühstück*
to have breakfast = *frühstücken*
bridge = *Brücke*
to bring = *bringen*
brother = *Bruder*
brown = *braun*
bus (buses) = *Bus*
but = *aber*
to buy = *kaufen*
by:
to go by train = *mit dem Zug fahren*
to go by bike = *mit dem Fahrrad fahren*
to go by bus = *mit dem Bus fahren*
to go by car = *mit dem Auto fahren*

C

cake = *Kuchen*
camera = *Fotoapparat*
can = *(ich, er, sie, es) kann, (wir, sie, Sie) können, (ihr) könnt*
can't = cannot = *(ich, er, sie, es) kann nicht/(du) kannst/(wir, sie, Sie) können nicht/(ihr) könnt nicht*
Canada = *Kanada*
car = *Auto*
cardigan = *Strickjacke*
careful = *vorsichtig*
carrot = *Möhre, Karotte*
to carry = *tragen*
cassette = *Kassette*
cassette-recorder = *Kassettenrekorder*
castle = *Schloss, Burg*
cat = *Katze*
centre = *Zentrum, (Stadt)mitte*
chair = *Stuhl*
child (children) = *Kind*
children's party = *Kinderfest*
chocolate = *Schokolade*
chocolate milk = *Kakao*
cinema = *Kino*
city = *Stadt, Großstadt*
class (classes) = *Schulklasse*
class teacher = *Klassenlehrer(in)*
classroom = *Klassenzimmer*
to clean = *putzen, sauber machen*
clock = *Uhr*
clock-radio = *Radiowecker*
club = *Verein, Club*
tennis club = *Tennisverein*
clubhouse = *Clubhaus*
coffee = *Kaffee*
cold = *kalt*
to come = *kommen*
to come in = *hereinkommen*
comic = *Comic-Heft*
computer = *Computer*
cornflakes = *Cornflakes*
cousin = *Vetter, Kusine*
crisps = *Chips*
to cry = *weinen, schreien*
cup = *Tasse*
cupboard = *Schrank*

5

D

Dad, dad = *Vati*
day = *Tag*
Mother's Day = *Muttertag*
dear:
Oh dear! = *Ach du meine Güte!*
December = *Dezember*
different = *anders, verschieden*
dining-room = *Esszimmer*
to do = *tun, machen*
to do homework = *Hausaufgaben machen*
Do you play? = *Spielst du?*
he doesn't like = he does not like = *er mag nicht*
I don't get up = I do not get up = *ich stehe nicht auf*
Where does he work? = *Wo arbeitet er?*
Don't let her = *Lass(t) sie nicht / Lassen Sie sie nicht!*
Do we like ...? = *Mögen wir ...?*
dog = *Hund*
doll = *Puppe*
doll's house = *Puppenhaus*
door = *Tür*
down = *unten*
Sit down = *Setz(e) dich/Setzt euch/ Setzen Sie sich!*
downstairs = *unten (im Haus)*
dress = *Kleid*
drink = *Getränk*
to drink = *trinken*
Don't drink! = *Trink nicht/Trinkt nicht/Trinken Sie nicht!*
to drive = *fahren*
driver = *Fahrer, -in*
the taxi drivers' cars = *die Autos der Taxifahrer*

E

early = *früh*
easy = *leicht*
to eat = *essen*
Don't eat = *Iss nicht/Esst nicht/ Essen Sie nicht!*
eight = *acht*
eighteen = *achtzehn*
eighth = *achte(r, s)*
eighty = *achtzig*
eleven = *elf*
eleventh = *elfte(r, s)*
end = *Ende*
England = *England*
English:
He's English. = *Er ist Engländer.*
a good English teacher = *ein(e) gute(r) Englischlehrer(in)*
his English hamster = *sein englischer Hamster*
evening = *Abend*
in the evenings = *abends*
every = *jeder, jede, jedes*
every day = *jeden Tag*
everyone = *jeder(mann), alle*
exercise = *Übung, Übungsaufgabe*

F

face = *Gesicht*
family (families) = *Familie*
fantastic = *toll, phantastisch*
father = *Vater*
February = *Februar*
to feed = *füttern*
to fetch = *holen*
Fetch the ball = *Hol(e)/Holt/Holen Sie den Ball!*
fifteen = *fünfzehn*
fifth = *fünfte(r, s)*
fifty = *fünfzig*
to find = *finden*
fine = *schön, prima*
to finish = *(be)enden*

to finish work = *eine Arbeit beenden; mit einer Arbeit aufhören*
first = *zuerst; erste(r, s)*
fish = *Fisch*
five = *fünf*
flat = *Wohnung*
floor = *(Fuß)boden*
to fly = *fliegen*
following = *folgend*
food = *Essen, Lebensmittel, Nahrung*
football = *Fußball*
for = *für*
to wait for = *warten auf*
to take the dog for a walk = *den Hund spazieren führen*
to look for = *suchen*
forty = *vierzig*
forty-five = *fünfundvierzig*
four = *vier*
fourteen = *vierzehn*
fourth = *vierte(r, s)*
Friday = *Freitag*
friend = *Freund, Freundin*
from = *von; aus*
Sven is from Berlin. = *Sven ist aus Berlin.*
Where is he from? = *Wo kommt er her?*
front:
in front of = *vor*
the front of the bus = *Das Vorderteil des Busses*
fun = *Spaß*
funny = *lustig, witzig, komisch*

G

game = *Spiel*
garage = *Garage*
garden = *Garten*
German:
German teacher = *Deutschlehrer(in)*
He's German. = *Er ist Deutscher.*
a German mother = *eine deutsche Mutter*
to speak German = *Deutsch sprechen*
Germany = *Deutschland*
to get = *bekommen, holen*
to get up = *aufstehen*
to get to school = *die Schule erreichen, zur Schule kommen*
to get home = *nach Hause kommen*
girl = *Mädchen*
my little girl's doll = *die Puppe meines kleinen Mädchens*
the girls' class = *die Klasse der Mädchen*
a girl's room = *ein Mädchenzimmer*
to give = *geben*
to go = *gehen*
to go home = *nach Hause gehen*
to go on a picnic = *ein Picknick machen*
to go to work = *zur Arbeit gehen*
to go to school = *zur Schule gehen*
Don't go = *Geht nicht/Gehen Sie nicht!*
They're going to see ... = *Sie wollen sehen*
to go to bed = *ins Bett gehen*
to go swimming = *schwimmen gehen*
good = *gut*
goodbye = *Auf Wiedersehen.*
grandparents = *Großeltern*
great = *großartig, prima, toll*
Great Britain = *Großbritannien*
green = *grün*
grey = *grau*
group = *Gruppe*

H

half = *halb*
half past six = *halb sieben*

hall = *Flur*
hamster = *Hamster*
hand = *Hand*
happy = *glücklich*
has:
  He has cornflakes. = *Er isst Cornflakes.*
has got = *hat*
  hasn't got = has not got = *hat nicht*
hat = *Hut*
to have = *haben*
  to have a picnic = *ein Picknick machen*
  to have breakfast = *frühstücken*
  to have fun = *Spaß haben*
  to have lunch = *zu Mittag essen*
have got = *(ich) habe/(du) hast/(wir, sie, Sie) haben/(ihr) habt*
  haven't got = have not got = *(ich) habe nicht/(du) hast/(wir, sie, Sie) haben/(ihr) habt nicht*
he = *er*
  he's = he is = *er ist*
  he's got = he has got = *er hat*
head = *Kopf*
to hear = *hören*
hello = *hallo*
to help = *helfen*
her = *ihr, ihre; ihr, sie*
here = *hier*
  here's = here is = *hier ist*
him = *ihm, ihn*
his = *sein, seine*
hockey = *Hockey*
holiday:
  to be on holiday = *in Urlaub sein*
home:
  at home = *zu Hause*
  to go home = *nach Hause gehen*
  to get home = *nach Hause kommen*
homework = *Hausaufgaben*
  to do homework = *Hausaufgaben machen*
hospital = *Krankenhaus*
hotel = *Hotel*
hour = *Stunde*
house = *Haus*
how = *wie*
  how old = *wie alt*
  how many = *wie viele*
  how much = *wie viel*
hundred = *hundert*
hungry = *hungrig*

I

I = *ich*
  I'm = I am = *ich bin*
  I see = *ich sehe*
  I've got = I have got = *ich habe*
idea = *Idee*
ill = *krank*
in = *in*
  in the evenings = *abends*
  in the morning = *am Vormittag*
  in front of = *vor*
  in Green Street = *in der Grünstraße*
  in the evening = *am Abend*
  to come in = *hereinkommen*
  in the afternoon = *am Nachmittag, nachmittags*
  in January = *im Januar*
  in London = *in London*
inside = *drinnen*
interesting = *interessant*
invitation = *Einladung*
is = *ist*
  isn't = is not = *ist nicht*
it = *es; ihm, es*
  it's = it is = *es ist*
  it's got = it has got = *es hat*
its = *sein, seine, ihr, ihre*

J

jacket = *Jacke*
January = *Januar*
jeans = *Jeans*

juice = *Saft*
July = *Juli*
June = *Juni*
just:
  Just a minute. = *Einen Augenblick!*

K
kindergarten = *Kindergarten*
kitchen = *Küche*
to know = *wissen, kennen*

L
lady (ladies) = *Dame*
last:
  at last = *endlich*
late:
  We're late. = *Wir kommen zu spät.*
  to be late = *sich verspäten*
later = *später*
to laugh = *lachen*
to leave = *verlassen, abfahren (von), (weg)gehen*
left:
  on the left = *links, auf der linken Seite*
  to turn left = *nach links abbiegen*
lemonade = *Limonade*
lesson = *Unterrichtsstunde*
to let = *lassen*
let's = let us = *lass(t) uns, lassen Sie uns*
letter = *Brief*
to lie = *liegen*
to like = *mögen*
to listen (to) = *zuhören*
little = *klein*
to live = *wohnen, leben*
living-room = *Wohnzimmer*
long = *lang*
to look = *sehen, gucken*
  to look at = *anschauen*
  Look = *Sieh/Seht/Sehen Sie!*
  to look good = *gut aussehen*
  to look for = *suchen*
lovely = *schön, herrlich*
lucky:
  You're lucky. = *Du hast Glück.*
lunch = *Mittagessen*

M
magazine = *Zeitschrift*
make = *machen, tun*
man (men) = *Mann*
many = *viele*
March = *März*
market = *Markt*
marmalade = *Marmelade*
may = *(ich, er, sie, es) darf/(du) darfst, (ihr) dürft/(wir, sie, Sie) dürfen*
May = *Mai*
me = *mir, mich*
  Mum, Dad ... and me. = *Mutti, Vati ... und ich.*
milk = *Milch*
minute = *Minute*
model = *Modell*
  model club = *Modellclub*
moment = *Augenblick*
  at the moment = *im Augenblick*
Monday = *Montag*
money = *Geld*
month = *Monat*
morning = *Morgen, Vormittag*
  Good morning. = *Guten Morgen.*
  in the morning = *am Vormittag*
  this morning = *heute morgen*
mother, Mother = *Mutter*
  Mother's Day = *Muttertag*
mouse (mice) = *Maus*
Mum = *Mutti*
museum = *Museum*
music = *Musik*
must = *(ich, er, sie, es) muss, (du) musst, (wir, sie, Sie) müssen, (ihr) müsst*

5

mustn't = must not = *(ich, er, sie, es) darf nicht/(du) darfst/(ihr) dürft nicht/(wir, sie, Sie) dürfen nicht*
my = *mein, meine*

N
name = *Name*
near = *in der Nähe (von), nahe bei*
needn't = need not = *(ich) brauche/ (du) brauchst /(er, sie, es, ihr) braucht/(wir, sie, Sie) brauchen nicht*
never = *nie*
new = *neu*
newspaper = *Zeitung*
next = *nächste(r, s)*
nice = *nett, schön, hübsch*
nine = *neun*
nineteen = *neunzehn*
nineteenth = *neunzehnte(r, s)*
ninety = *neunzig*
ninety-five = *fünfundneunzig*
ninth = *neunte(r, s)*
no = *nein; kein(e)*
not = *nicht*
  not a = *kein, keine*
nothing = *nichts*
November = *November*
now = *nun, jetzt*
number = *Nummer, Zahl; Anzahl*

O
o'clock:
  eleven o'clock = *elf Uhr*
October = *Oktober*
of = *von*
  of course = *natürlich*
  a lot of = *viel, viele*
  a packet of tea = *ein Päckchen Tee*
  a bottle of lemonade = *eine Flasche Limonade*
  out of = *aus ... (heraus)*
  in front of = *vor*
  a piece of cake = *ein Stück Kuchen*
  a bar of chocolate = *eine Tafel Schokolade*
  a bag of crisps = *eine Tüte Chips*
  a plate of sandwiches = *ein Teller mit belegten Broten*
  two rooms of their flat = *zwei Zimmer ihrer Wohnung*
often = *oft*
okay = *gut, in Ordnung*
old = *alt*
on = *auf, an*
  on the (tele)phone = *am Telefon*
  on the sofa = *auf dem Sofa*
  on TV = *im Fernsehen*
  to go on a picnic = *ein Picknick machen*
  on the test = *in der Klassenarbeit*
  on Tuesdays = *dienstags*
  on 31st July = *am 31. Juli*
  on the left = *links, auf der linken Seite*
  to be on holiday = *in Urlaub sein*
  straight on = *geradeaus*
one = *ein, eine*
only = *einzig; nur*
open = *offen*
to open = *öffnen*
  Open it. = *Öffne/Öffnet/Öffnen Sie es!*
  opening day = *Eröffnung*
opposite = *Gegensatz*
or = *oder*
orange = *Apfelsine; orangefarben*
other:
  other men = *andere Männer*
  others = *andere*
our = *unser, unsere*
out:
  out of = *aus ... (heraus)*
outside = *draußen*
over = *über*
  over there = *dort drüben*

P

packet = *Paket, Päckchen, Packung*
to paper = *tapezieren*
parent = *Elternteil*
 parents = *Eltern*
park = *Park*
party (parties) = *Party, Feier*
 school party = *Schulfeier*
past = *nach*
 five past two = *fünf nach zwei*
pen = *Füller*
pence = *Pence (britische Währung)*
pencil = *Bleistift*
 pencil case = *Federmäppchen*
people = *Leute, Menschen*
perhaps = *vielleicht*
pet = *Haustier*
phone = telephone = *Telefon*
photo = *Foto*
picnic = *Picknick*
 picnic basket = *Picknickkorb*
picture = *Bild*
 picture-book = *Bilderbuch*
 to take pictures = *fotografieren*
piece = *Stück*
pity:
 It's a pity. = *Es ist schade.*
to plan = *planen*
plane = *Flugzeug*
plate = *Teller*
to play = *spielen*
please = *bitte*
poster = *Poster*
pound = *Pfund (britische Währung)*
present = *Geschenk*
prize = *Preis, Gewinn*
problem = *Problem*
pullover = *Pullover*
pupil = *Schüler(in)*

Q

quarter = *Viertel*
 quarter past four = *viertel nach vier*
question = *Frage*
quiet = *ruhig, still, leise*

R

rabbit = *Kaninchen*
radio = *Radio*
to rain = *regnen*
to read = *lesen*
really = *wirklich*
record = *Schallplatte*
 record-player = *Plattenspieler*
red = *rot*
right = *richtig; rechte(r, s)*
 That's right. = *Das ist richtig.*
 to turn right = *nach rechts abbiegen*
road = *(Land-)straße*
room = *Zimmer*
 upstairs room = *Zimmer im oberen Stockwerk*
rose = *Rose*
rubber = *Radiergummi*
ruler = *Lineal*
to run = *laufen, rennen*

S

same:
 the same = *der-, die-, dasselbe; (im Plural) dieselben*
sand = *Sand*
sandwich (sandwiches) = *Sandwich, belegtes Brot*
Saturday = *Samstag*
to say = *sagen*
school = *Schule*
school-bag = *Schultasche*
Scotland = *Schottland*
sea = *Meer*
seaside:
 a seaside holiday = *ein Urlaub am Meer*
second = *zweite(r, s)*
to see = *sehen*
 I see = *aha*

5

to sell = *verkaufen*
sentence = *Satz*
September = *September*
seven = *sieben*
seventeen = *siebzehn*
seventh = *siebte(r, s)*
seventy = *siebzig*
she = *sie*
she's = she is = *sie ist*
she's got = she has got = *sie hat*
to shine = *scheinen*
shoe = *Schuh*
shop = *Laden*
shop window = *Schaufenster*
pet shop = *Tierhandlung*
shoe shop = *Schuhgeschäft*
to shop = *einkaufen*
shopping:
to do the shopping = *Einkäufe machen, einkaufen*
short = *kurz*
shut = *geschlossen, zu*
to shut = *zumachen, schließen*
to sing = *singen*
sister = *Schwester*
to sit = *sitzen*
to sit down = *sich setzen*
Sit down. = *Setz(e) dich/Setzt euch/ Setzen Sie sich!*
six = *sechs*
sixteen = *sechzehn*
sixth = *sechste(r, s)*
sixty = *sechzig*
to sleep = *schlafen*
sleepy = *müde, schläfrig*
small = *klein*
to smoke = *rauchen*
Don't smoke. = *Rauche nicht/ Raucht nicht/Rauchen Sie nicht!*
so = *so, also*
sock = *Socke, Kniestrumpf*
sofa = *Sofa*
some = *etwas, einige*
someone = *jemand*
sometimes = *manchmal*
soon = *bald*
sorry = (I'm) sorry. = *Tut mir Leid.*
souvenir = *Souvenir, (Reise-)andenken*
to speak = *sprechen*
spring = *Frühling*
stadium = *Stadion*
to stand (standing) = *stehen*
to start = *anfangen, beginnen*
station = *Bahnhof*
to stay = *bleiben*
to stay in bed = *im Bett bleiben*
still = *noch*
to stop = *aufhören, anhalten*
story-book = *Buch mit Geschichten*
straight:
straight on = *geradeaus*
street = *Straße*
summer = *Sommer*
sun = *Sonne*
Sunday = *Sonntag*
supermarket = *Supermarkt*
to swim = *schwimmen*
Don't swim. = *Schwimm nicht/ Schwimmt nicht /Schwimmen Sie nicht!*

T

T-shirt = *T-Shirt*
table = *Tisch*
table-tennis = *Tischtennis*
to = *zu, nach*
to London = *nach London*
to take = *nehmen*
to take pictures = *fotografieren*
to take the dog for a walk = *den Hund spazieren führen*
to talk (to) = *sprechen, reden (mit)*
to talk about = *sprechen über/von*
Don't talk. = *Sprich nicht/Sprecht nicht /Sprechen Sie nicht!*

tall = *groß (bei Menschen)*
taxi = *Taxi*
 taxi driver = *Taxifahrer(in)*
tea = *Tee*
teacher = *Lehrer(in)*
 the teachers' room = *das Lehrerzimmer*
 the teacher's book = *das Buch des Lehrers/der Lehrerin*
teddy bear = *Teddybär*
telephone = *Telefon*
 on the (tele)phone = *am Telefon*
television = TV = *Fernsehen, Fernsehapparat*
ten = *zehn*
tenth = *zehnte(r, s)*
tennis = *Tennis*
terrible = *schrecklich*
test = *Klassenarbeit*
textbook = *Lehrbuch*
thank you = *danke*
that = *der/die/das (da); jener, -e, -es (dort)*
 That's right. = *Das ist richtig.*
 after that = *danach*
the = *der, die, das; (im Plural) die*
their = *ihr, ihre*
them = *ihnen, sie*
then = *dann, danach*
there = *da, dort; dorthin*
 there's = there is = *es/da ist, es gibt*
 there are = *es/da sind, es gibt*
these = *diese, die (hier)*
they = *sie*
 they're = they are = *sie sind*
they've got = they have got = *sie haben*
thing = *Sache, Ding*
to think = *denken, meinen*
third = *dritte(r, s)*
thirteen = *dreizehn*
thirteenth = *dreizehnte(r, s)*
thirtieth = *dreißigste(r, s)*
thirty = *dreißig*
thirty-first = *einunddreißigste(r, s)*
this = *dieser (-e, -es); der, die, das (hier)*
 This is Sven. = *Dies ist Sven.*
 this morning = *heute Morgen*
those = *die/diese (da), jene (dort)*
through = *durch*
Thursday = *Donnerstag*
three = *drei*
to tie = *binden*
 to tie up = *verschnüren*
time = *Zeit*
tin = *Dose*
to = *zu, nach, in*
 to go to the garage = *zur Garage gehen*
 to talk to = *reden mit*
 to listen to = *zuhören*
 quarter to four = *viertel vor vier*
 to say hello to her = *ihr Guten Tag sagen*
 to school = *zur Schule*
 to go to work = *zur Arbeit gehen*
 to go to bed = *ins Bett gehen*
 to walk to work = *zur Arbeit gehen (zu Fuß)*
toast = *Toast*
today = *heute*
together = *zusammen*
tomorrow = *morgen*
too = *auch*
 too young = *zu jung*
train = *(Eisenbahn-)Zug*
to go by train = *mit dem Zug fahren*
trip = *Reise, Ausflug*
 class trip = *Klassenfahrt*
to try (to) = *versuchen …(zu)*
Tuesday = *Dienstag*
 Tuesdays = *dienstags*
to turn:
 to turn right = *nach rechts abbiegen*
 to turn left = *nach links abbiegen*

5

TV = television = *Fernsehen, Fernsehapparat*
twelfth = *zwölfte(r, s)*
twelve = *zwölf*
twentieth = *zwanzigste(r, s)*
twenty = *zwanzig*
twenty-first = *einundzwanzigste(r, s)*
twenty-five = *fünfundzwanzig*
twenty-fourth = *vierundzwanzigste(r, s)*
twenty-one = *einundzwanzig*
twenty-second = *zweiundzwanzigste(r, s)*
twenty-third = *dreiundzwanzigste(r, s)*
twenty-two = *zweiundzwanzig*
two = *zwei*
 the two girls = *die beiden Mädchen*

U
uncle = *Onkel*
to understand = *verstehen*
unhappy = *unglücklich*
uniform:
 school uniform = *Schuluniform*
unit = *Lektion, Einheit*
until = till = *bis*
upstairs = *oben (im Haus)*
us = *uns*
to use = *benutzen*
 Don't use ... = *Benutze nicht .../Benutzt nicht ... /Benutzen Sie nicht!*
usually = *gewöhnlich, normalerweise*

V
very = *sehr*
village = *Dorf*

W
to wait (for) = *warten (auf)*
 Wait. = *Wart(e)/Wartet/Warten Sie!*
walk = *Spaziergang*
 to take the dog for a walk = *den Hund spazieren führen*
to walk = *zu Fuß gehen, laufen*
 Don't walk. = *Lauf nicht/Lauft nicht/Laufen Sie nicht!*
 to walk to school = *zur Schule gehen*
 to walk to work = *zur Arbeit gehen*
to want = *wollen*
 She wants to play. = *Sie will spielen.*
warm = *warm*
to wash = *waschen*
watch = *Armbanduhr*
to watch = *zuschauen, anschauen*
water = *Wasser*
we = *wir*
 we're = we are = *wir sind*
 we've got = we have got = *wir haben*
to wear = *(Kleidung) tragen, anhaben*
Wednesday = *Mittwoch*
week = *Woche*
well = *also, nun*
what = *was*
 what's = what is = *was ist*
 What's she doing? = What is she doing? = *Was macht sie gerade?*
 what day = *welcher Tag*
 What time is it? = *Wie viel Uhr/Wie spät ist es?*
 what about = *wie wär's mit*
when = *wann; wenn*
where = *wo, wohin*
 Where is Sven from? = *Wo kommt Sven her?*
 where's = where is = *wo ist*
white = *weiß*
who = *wer, wen, wem*
 who's = who is = *wer ist*
whose = *wessen, wem gehört*
why = *warum*
to win = *gewinnen*

window = *Fenster*
winter = *Winter*
in winter = *im Winter*
with = *mit*
woman (women) = *Frau*
the woman's club = *der Frauenverein*
word = *Wort*
work = *Arbeit*
to finish work = *eine Arbeit beenden; mit einer Arbeit aufhören*
to work = *arbeiten*
to write = *schreiben*
wrong = *falsch*

X

Y

yellow = *gelb*
yes = *ja*
you = *du, ihr, Sie; dir, dich, euch, Ihnen, Sie*
you're = you are = *du bist, ihr seid, Sie sind*
You're lucky. = *Du hast Glück.*
you've got = you have got = *du hast, ihr habt, Sie haben*
thank you = *danke*
young = *jung*
your = *dein, euer, Ihr*

Z

Englisch
6. Schuljahr

Inhaltsverzeichnis Englisch 6. Schuljahr

Nomen

1. Die Pluralformen der Nomen

The plural forms of nouns

Singular	Plural	Plural auf -s	
airport desk	airports desks	*Flughafen – Flughäfen* *Schreibtisch – Schreibtische*	Der Plural der Nomen wird in der Regel gebildet, indem man ein *-s* an den Singular anhängt.
coat map board bag photo	coats maps boards bags photos	*Mantel – Mäntel* *Landkarte – Landkarten* *Brett – Bretter* *Tasche – Taschen* *Foto – Fotos*	**Aussprache:** – [s] nach **stimmlosen Konsonanten** *(p, t, k, f …)* – [z] nach **stimmhaften Konsonanten** *(b, d, g, l, m, n, r, v …)* und nach **Vokalen** *(a, e, i, o, u)*
glass box	glasses boxes	*Glas – Gläser* *Schachtel – Schachteln*	**Achtung:** – Nomen, die auf einen **Zischlaut** enden *(s, z, x …)*, fügt man *-es* hinzu; Aussprache: [iz].
wolf wife	wolves wives	*Wolf – Wölfe* *Ehefrau – Ehefrauen*	– Bei Nomen auf *-f* oder *-fe* bildet man den Plural mit ***-ves***.
lady family	ladies families	*Dame – Damen* *Familie – Familien*	– Nach einem **Konsonanten** wird *-y* zu ***-ies***,
boy	boys	*Junge – Jungen*	– *-y* nach einem **Vokal** bleibt dagegen erhalten.

6

	Unregelmäßige Pluralformen		
Singular	**Plural**		
child fish woman mouse foot	children fish women mice feet	*Kind – Kinder* *Fisch – Fische* *Frau – Frauen* *Maus – Mäuse* *Fuß – Füße*	Bei einigen Nomen ist die Pluralbildung unregelmäßig. Die Pluralform wird beim jeweiligen Nomen im Lexikon angegeben.

6

2. Der Genitiv

The genitive

a) Der *s*-Genitiv

	Bildung	
Sven's camera the man's son the women's addresses	*Svens Fotoapparat* *der Sohn des Mannes* *die Adressen der Frauen*	Der Genitiv wird mit **Apostroph + -*s*** gebildet: – wenn das Nomen im Singular steht, – bei unregelmäßigen Pluralformen.
the tourists' bus	*der Bus der Touristen*	Bei Pluralformen auf -*s* fügt man nur den **Apostroph** hinzu.

	Gebrauch	
the boy's hands the Meyers' house	*die Hände des Jungen* *das Haus der Familie Meyer*	Der **s-Genitiv** wird verwendet, um etwas einer oder mehreren **Personen** zuzuordnen.

b) Der *of*-Genitiv

	Gebrauch	
the name of the game the brakes of the car	*der Name des Spiels* *die Bremsen des Autos*	Um etwas einer oder mehreren **Sachen** zuzuordnen bildet man den Genitiv mit ***of***.

Pronomen

1. Die Possessivpronomen

Possessive pronouns

Formen

	vor dem Nomen	alleinstehend
1. Person Singular	my house(s)	mine
2. Person Singular	your house(s)	yours
3. Person Singular	his/her/its house(s)	his/hers/its
1. Person Plural	our house(s)	ours
2. Person Plural	your house(s)	yours
3. Person Plural	their house(s)	theirs

Gebrauch

I like my room. That isn't your pen. No, they're not our sweets.	*Ich mag mein Zimmer.* *Das ist nicht dein Füller.* *Nein, das sind nicht unsere Süßigkeiten.*	Die Possessivpronomen geben an, (zu) wem etwas oder jemand gehört. In der Regel stehen sie **vor dem Nomen.**
I like my room, but yours is nicer. That isn't your pen. It's mine. No, they're not our sweets. They're theirs.	*Ich mag mein Zimmer, aber deins ist schöner.* *Das ist nicht dein Füller. Es ist meiner.* *Nein, das sind nicht unsere Süßigkeiten. Es sind ihre.*	Steht das Possessivpronomen **allein** und bezieht es sich auf ein **vorangehendes Nomen,** so muss man eine besondere Form benutzen.

6

2. Die indefiniten Pronomen *some* und *any* und ihre Zusammensetzungen

The indefinite pronouns 'some' and 'any' and their compounds

Gebrauch von *some* und *any*		
Some und *any* stehen vor einem Nomen, wenn eine unbestimmte Menge oder Anzahl bezeichnet werden soll.		
I need some bread and some apples.	*Ich brauche (etwas) Brot und (einige) Äpfel.*	In **bejahten Sätzen** wird das Wort *some* verwendet.
We haven't got any time.	*Wir haben keine Zeit.*	In **verneinten Sätzen** wird *any* benutzt.
Are there any shops in the town?	*Gibt es irgendwelche Läden in der Stadt?*	Bei **Fragen** wird ebenfalls *any* verwendet.
Would you like some sweets? May I have some tea?	*Möchtest du Süßigkeiten?* *Kann ich etwas Tee bekommen?*	**Achtung:** Handelt es sich bei der Frage aber um ein **Angebot** oder eine **Bitte**, benutzt man *some*.

6

6

Zusammensetzungen von *some* und *any*

Die Zusammensetzungen von *some* und *any* werden nach dem gleichen Muster gebraucht wie ihre Grundwörter.

Somebody is calling you. There's something in my glass. She's somewhere in the house.	*Jemand ruft dich.* *(Irgend)etwas ist in meinem Glas.* *Sie ist irgendwo im Haus.*	**bejahter Satz**
There isn't anybody at home.	*Da ist niemand zu Hause.*	**verneinter Satz**
Do you do anything on Tuesdays? Do you see my schoolbag anywhere?	*Machst du irgendetwas dienstags?* *Siehst du irgendwo meine Schultasche?*	**Frage**
Do you want something to eat?	*Wollt ihr etwas zu essen haben?*	Frage als **Bitte** oder **Angebot**

Adjektive und Adverbien

1. Adjektive

Adjectives

	Gebrauch	
She's a quiet person. He's a regular visitor at the zoo. They think they're perfect.	*Sie ist eine ruhige Person.* *Er ist ein regelmäßiger Besucher im Zoo.* *Sie glauben, dass sie perfekt sind.*	Adjektive beschreiben ein **Nomen** näher und beantworten die Frage: Wie **ist** jemand oder etwas? Sie stehen vor dem Nomen oder nach dem Verb *to be*.

		Steigerung auf *-er/-est*	
Grundform	1. Steigerungsform	2. Steigerungsform	
small *klein*	smaller *kleiner*	(the) smallest *der/die/das kleinste …, am kleinsten*	Alle **einsilbigen** Adjektive werden folgendermaßen gesteigert: 1. Steigerungsform: Adjektiv + *-er*, 2. Steigerungsform: Adjektiv + *-est*.
nice *schön* big *groß*	nicer *schöner* bigger *größer*	(the) nicest *der/die/das schönste …, am schönsten* (the) biggest *der/die/das größte …, am größten*	**Rechtschreibung:** – Das stumme End-*e* entfällt. – Nach kurzem Vokal wird der Endkonsonant verdoppelt.

6

6

long *lang*	longer *länger*	(the) longest *der/die/das längste …, am längsten*	**Aussprache:** Achte auf die Aussprache von Adjektiven, die mit *-ng* enden: Bei der Steigerung spricht man den zusätzlichen Laut [g]!
easy *leicht*	easier *leichter*	(the) easiest *der/die/das leichteste …, am leichtesten*	Auch die **zweisilbigen Adjektive** auf ***-y*** werden mit *-er/-est* gesteigert. Dabei wird das *-y* zu *-i*.

Steigerung mit *more* und *most*

Grundform	**1. Steigerungsform**	**2. Steigerungsform**	
			Mit ***more*** + Adjektiv und *(the)* ***most*** + Adjektiv werden gesteigert:
famous *berühmt*	more famous *berühmter*	(the) most famous *der/die/das berühmteste …, am berühmtesten*	– die meisten **zweisilbigen** Adjektive,
fantastic *toll*	more fantastic *toller*	(the) most fantastic *der/die/das tollste …, am tollsten*	– alle Adjektive **mit mehr als zwei Silben.**

Unregelmäßige Steigerungsformen

Grundform	1. Steigerungsform	2. Steigerungsform	
good *gut* bad *schlecht* much/ many *viel/viele*	better *besser* worse *schlechter* more *mehr*	(the) best *der/die/das beste …,* *am besten* (the) worst *der/die/das schlechteste* *…, am schlechtesten* (the) most *der/die/das meiste …,* *am meisten*	Einige Adjektive haben unregelmäßige Steigerungsformen.

Gebrauch des Adjektivs in Vergleichssätzen

Peter is as old as Sven. Sven isn't as tall as Peter.	*Peter ist (eben)so alt wie Sven.* *Sven ist nicht so groß wie Peter.*	gleicher Grad: *as* + Grundform + *as*
Is Katrin younger than Sven? Yes, she's younger than him.	*Ist Katrin jünger als Sven?* *Ja, sie ist jünger als er.*	höherer Grad: 1. Steigerungsform + *than*
Barbara is the oldest child in the family.	*Barbara ist das älteste Kind in der Familie.*	höchster Grad: 2. Steigerungsform

Das Stützwort *one/ones*

I like this blazer, but I don't like the other one. She's got three jackets – a blue one and two brown ones.	*Ich mag diesen Blazer, aber den anderen mag ich nicht.* *Sie hat drei Jacken – eine blaue und zwei braune.*	Ein Adjektiv muss durch das Stützwort ***one*** (Singular) oder ***ones*** (Plural) ergänzt werden, wenn man ein zählbares Nomen nicht wiederholen will. Im Deutschen ist dagegen kein Stützwort nötig.

6

6

2. Adverbien der Art und Weise

Adverbs of manner

Gebrauch

She speaks quietly. He comes regularly. They think they do everything perfectly. She speaks French very well.	*Sie spricht leise.* *Er kommt regelmäßig.* *Sie glauben, dass sie alles perfekt machen.* *Sie spricht sehr gut Französisch.*	Adverbien der Art und Weise beschreiben ein **Verb** näher und beantworten die Frage: Wie oder auf welche Weise **tut** jemand etwas? Sie stehen oft gleich nach dem Verb, jedoch im Gegensatz zum Deutschen **nie zwischen Verb und Objekt!**

Bildung

Adjektiv	Adverb		
nervous safe beautiful	nervously safely beautifully	*nervös* *sicher* *(wunder)-schön*	Die englischen Adverbien werden nach folgendem Muster gebildet: **Adjektiv + -*ly* = Adverb.** Im Deutschen dagegen sind Adjektiv und Adverb formgleich.
angry noisy suitable terrible	angrily noisily suitably terribly	*wütend* *laut, lärmend* *passend* *fürchterlich*	**Rechtschreibung:** – Adjektive auf *-y*: Das *-y* wird zu ***-i*** vor der Endung *-ly*, – Adjektive auf *-le*: Steht vor der Endung *-le* ein Konsonant, wird *-le* zu ***-ly***.

Besondere Formen

Adjektiv	Adverb	
He's a fast runner. *Er ist ein schneller Läufer.* It's a hard life. *Es ist ein hartes Leben.* The town is far from here. *Die Stadt ist weit von hier.*	He runs fast. *Er läuft schnell.* They work hard. *Sie arbeiten hart.* How far must you drive? *Wie weit muss man fahren?*	Einige Adjektive bleiben als Adverbien unverändert.
She's well again. *Sie ist wieder **gesund**.*	She's playing well. *Sie spielt **gut**.*	Die Bedeutung muss aber nicht immer gleich sein!

Steigerung auf *-er/-est*

Adverb	1. Steigerungsform	2. Steigerungsform	
fast *schnell* hard *hart*	faster *schneller* harder *härter*	fastest *am schnellsten* hardest *am härtesten*	**Einsilbige Adverbien** werden wie einsilbige Adjektive auf *-er/-est* gesteigert: 1. Steigerungsform: Adverb + *-er*, 2. Steigerungsform: Adverb + *-est*.

6

Steigerung mit *more* und *most*

Adverb	1. Steigerungsform	2. Steigerungsform	
wildly	more wildly	most wildly	**Adverbien auf *-ly*** werden wie zwei- und mehrsilbige Adjektive mit *more* und *most* gesteigert: 1. Steigerungsform: *more* + Adverb,
wild	*wilder*	*am wildesten*	
similarly	more similarly	most similarly	2. Steigerungsform: *most* + Adverb.
ähnlich	*ähnlicher*	*am ähnlichsten*	

Unregelmäßige Steigerungsformen

well	better	best	Einige Adverbien haben unregelmäßige Steigerungsformen.
gut	*besser*	*am besten*	
badly	worse	worst	
schlecht	*schlechter*	*am schlechtesten*	

Die Zeiten

1. *to be*

a) *to be* im *present tense*

Langformen und Kurzformen			
Langform	Kurzform		
I am happy. You are funny. He is nervous. She is careful. It is ready. We are here. You are nice. They are there.	I'm happy. You're funny. He's nervous. She's careful. It's ready. We're here. You're nice. They're there.	*Ich bin glücklich.* *Du bist lustig.* *Er ist nervös.* *Sie ist vorsichtig.* *Es ist fertig.* *Wir sind hier.* *Ihr seid nett.* *Sie sind dort.*	Im *present tense* gibt es von *to be* drei **Langformen:** *am, are* und *is.* Die **Kurzformen** *'m, 're* und *'s* verwendet man vor allem in der Umgangssprache.

b) *to be* im *simple past*

Formen		
I was here yesterday. You were on holiday. He was happy. She was nervous. It was fantastic. We were in the garden. You were here. They were in the village.	*Ich war gestern hier.* *Du warst im Urlaub.* *Er war glücklich.* *Sie war nervös.* *Es war toll.* *Wir waren im Garten.* *Ihr wart hier.* *Sie waren im Dorf.*	Es gibt nur zwei Formen von *to be* im *simple past* (in der einfachen Vergangenheit): ***was*** und ***were.*** In **bejahten** Sätzen gibt es im *simple past* **keine Kurzformen.**

6

6

	Bildung von verneinten Sätzen		
Langform	Kurzform		
I was not at school last week. They were not at the party.	I wasn't at school last week. They weren't at the party.	*Ich war letzte Woche nicht in der Schule.* *Sie waren nicht auf dem Fest.*	Bei der Verneinung gibt es Kurzformen: *was not* = ***wasn't***, *were not* = ***weren't***.

	Bildung von Fragesätzen	
Was he on the farm? Were you on the market? Was Katrin with them? Were they in Germany?	*War er auf dem Bauernhof?* *Warst du auf dem Markt?* *War Katrin mit ihnen zusammen?* *Waren sie in Deutschland?*	Die Frage wird im *simple past* gebildet aus: ***was/were*** + **Subjekt.**

2. *Present tense*

a) *simple present*

Formen

I work on Mondays. They like tennis.	*Montags arbeite ich.* *Sie mögen Tennis.*	Das *simple present* (die einfache Form des Präsens) hat die gleiche Form wie der Infinitiv ohne *to*.
She often visits them. It eats carrots.	*Sie besucht sie oft.* *Es frisst Möhren.*	Die einzige Ausnahme ist die **3. Person Singular** *(he/she/it)*: Hier wird an den Infinitiv noch ein *-s* angehängt.

Gebrauch

He always eats at 12. We never go there. You help every day.	*Er isst immer um 12.* *Wir gehen nie dorthin.* *Du hilfst jeden Tag.*	Das *simple present* bezeichnet – gewohnheitsmäßige Handlungen **Signalwörter:** *every day, always, often, sometimes, usually, never, on Friday(s), in the morning(s) ...,*
First they have lunch, then they do their homework and after that they go to the club.	*Zuerst essen sie zu Mittag, dann machen sie ihre Hausarbeiten, und danach gehen sie in den Club.*	– aufeinander folgende Handlungen **Signalwörter:** *first, then, after that, soon, at last ...*
I don't see him, but I hear him. They like horses. She wants a rabbit. I understand.	*Ich sehe ihn nicht, aber ich höre ihn.* *Sie mögen Pferde.* *Sie möchte ein Kaninchen.* *Ich verstehe.*	Einige Verben erscheinen in der Regel **nur in der *simple form***: *to see, to hear, to like, to want, to know, to understand, to think ...*

6

Bildung von Fragesätzen		
Do you like cheese? Do they want more tea?	*Mögen Sie Käse?* *Wollen sie mehr Tee?*	Die Frage wird im *simple present* gebildet aus: ***do*** **+ Subjekt + Infinitiv** (ohne *to*).
Does she laugh a lot? Does he go? Does it fit?	*Lacht sie viel?* *Geht er?* *Passt es?*	In der **3. Person Singular** *(he/she/it)* besteht die Frage aus: ***does*** **+ Subjekt + Infinitiv** (ohne *to*).

Bildung von verneinten Sätzen			
Langform	**Kurzform**		
I do not know. We do not go to school. They do not do it.	I don't know. We don't go to school. They don't do it.	*Ich weiß nicht.* *Wir gehen nicht in die Schule.* *Sie tun es nicht.*	Die Verneinung wird mit dem Hilfsverb ***do*** **+ *not* + Infinitiv** (ohne *to*) gebildet. Kurzform: ***don't*** **+ Infinitiv**
The dog does not bark. He does not laugh.	The dog doesn't bark. He doesn't laugh.	*Der Hund bellt nicht.* *Er lacht nicht.*	In der **3. Person Singular** *(he/she/it)* lautet die Verneinung ***does*** **+ *not* + Infinitiv** (ohne *to*). Kurzform: ***doesn't*** **+ Infinitiv**

b) ***present progressive***

	Bildung		
Langform	**Kurzform**		
I am working. He is going. They are playing.	I'm working. He's going. They're playing.	*Ich arbeite gerade.* *Er geht gerade.* *Sie spielen im Augenblick.*	Das *present progressive* (die Verlaufsform des Präsens) wird gebildet aus einer Form von ***to be*** + **Partizip Präsens** (*am/are/is* + Infinitiv mit *-ing*-Endung). Die Kurzformen ***'m, 're, 's*** von *to be* werden in der Umgangssprache verwendet.

	Gebrauch	
What are you doing at the moment, Sven? I'm reading. And you? I'm writing a letter.	*Was machst du im Augenblick, Sven?* *Ich lese gerade.* *Und du?* *Ich schreibe gerade einen Brief.*	Das *present progressive* beschreibt das, was man gerade tut. **Signalwörter:** *now, today, at the moment, this morning (afternoon/evening/week).* Im Deutschen wird der Verlauf einer Handlung mit den Worten „gerade", „im Augenblick" o.ä. ausgedrückt.

6

	Bildung von verneinten Sätzen		
Langform	Kurzform		
I am not helping. She is not working. We are not talking.	I'm not helping. She isn't working. We aren't talking.	*Ich helfe gerade nicht.* *Sie arbeitet gerade nicht.* *Wir sprechen im Augenblick nicht.*	Die Verneinung wird gebildet, indem man ***not*** zwischen die Form von *to be* und das Partizip Präsens einfügt: ***am/are/is* + *not* + Infinitiv mit *-ing*-Endung.** Kurzformen: *'m not/aren't/* ***isn't*** **+ Infinitiv** mit *-ing-*Endung

	Bildung von Fragesätzen	
Is he reading a book? Are they playing in the garden?	*Liest er gerade ein Buch?* *Spielen sie gerade im Garten?*	Fragen werden im *present progressive* gebildet aus einer Form von ***to be*** + **Subjekt + Partizip Präsens.**

3. *Past tense*

a) *simple past*

Das *simple past* von regelmäßigen Verben

I listened to the radio yesterday. It happened a week ago. They helped us last Saturday.	*Ich hörte gestern Radio.* *Es passierte vor einer Woche.* *Sie halfen uns letzten Samstag.*	Das *simple past* (die einfache Vergangenheit) der regelmäßigen Verben wird aus dem **Infinitiv + *-ed*** gebildet. Es gibt nur eine Form für alle Personen.
to arrive: They arrived in the morning. to try: She tried to ride a horse. to stay: He stayed at their farm. to stop: He stopped at the corner.	*Sie kamen am Morgen an.* *Sie versuchte auf einem Pferd zu reiten.* *Er blieb auf ihrem Bauernhof.* *Er hielt an der Ecke an.*	**Rechtschreibung:** – Das stumme End-*e* entfällt. – *-y* nach einem **Konsonanten** wird zu *-i* vor der Endung *-ed*, – *-y* nach einem **Vokal** bleibt dagegen erhalten. – Nach einem kurzen Vokal wird der Endkonsonant vor der Endung *-ed* verdoppelt.

Zu Besonderheiten in der Aussprache der *simple-past*-Formen siehe S. 56)

6

Gebrauch des *simple past*

They flew to America last year.	*Sie flogen letztes Jahr nach Amerika.*	Das *simple past* bezeichnet in der Vergangenheit liegende – einmalige Handlungen, **Signalwörter:** *yesterday, last year/month, three weeks/months ago*
First she bought a ticket and then she got on.	*Zuerst kaufte sie eine Fahrkarte und dann stieg sie ein.*	– aufeinander folgende Handlungen, **Signalwörter:** *first, then*
We played rugby a lot in the summer.	*Wir spielten im Sommer viel Rugby.*	– wiederholte, abgeschlossene Handlungen.

Das *simple past* von unregelmäßigen Verben

to take: I took it. to make: He made a cake. to buy: The boy bought a ticket. to stand: She stood at the corner.	*Ich nahm es.* *Er backte einen Kuchen.* *Der Junge kaufte eine Fahrkarte.* *Sie stand an der Ecke.*	Für jedes unregelmäßige Verb gibt es eine **eigene Form** des *simple past*. Sie muss zusammen mit dem Infinitiv gelernt werden. Auch die unregelmäßige Form ist für alle Personen gleich.
to be: I was there. We were at home.	*Ich war da.* *Wir waren zu Hause.*	**Ausnahme:** Nur ***to be*** hat zwei Formen im *simple past*: – *I/he/she/it* ***was***, – *we/you/they* ***were*** (Siehe auch S. 13)

	Beispiele für unregelmäßige Verben		
Infinitiv	**simple past**		
to be to buy to come to do to go to have to make to ride to say to see to stand to take	was/were bought came did went had made rode said saw stood took	*sein* *kaufen* *kommen* *tun, machen* *gehen* *haben* *machen, bauen* *reiten, Rad fahren* *sagen* *sehen* *stehen* *nehmen*	Das *simple past* dieser und aller anderen unregelmäßigen Verben wird im Lexikon beim Infinitiv des jeweiligen Verbes angegeben.

	Bildung von verneinten Sätzen		
Langform	**Kurzform**		
You did not wait. They did not have it. He did not do it.	You didn't wait. They didn't have it. He didn't do it.	*Du wartetest nicht.* *Sie hatten es nicht.* *Er tat es nicht.*	Die verneinte Form des *simple past* wird gebildet mit: ***did* + *not* + Infinitiv.** Kurzform: ***didn'*t + Infinitiv.**
I was not there. We were not here.	I wasn't there. We weren't here.	*Ich war nicht da.* *Wir waren nicht hier.*	**Ausnahme:** Bei ***to be*** wird das Hilfsverb *did* nicht gebraucht: – *I/he/she/it* ***was not*** Kurzform: ***wasn't*** – *we/you/they* ***were not*** Kurzform: ***weren't***

6

	Bildung von Fragesätzen	
Did Sven help her? Did they have it? Did she go away?	*Half Sven ihr?* *Hatten sie es?* *Ging sie weg?*	Fragen werden im *simple past* ebenfalls mit dem Hilfsverb *did* gebildet: ***did*** **+ Subjekt + Infinitiv.**
Was it great? Were you happy? Was it difficult? Were they at home?	*War es toll?* *Warst du glücklich?* *War es schwierig?* *Waren sie zu Hause?*	**Ausnahme:** Auch bei der Bildung von Fragen braucht ***to be*** das Hilfsverb *did* nicht: ***was/were*** **+ Subjekt.**

b) ***past progressive***

	Bildung	
I was doing my homework. They were reading. She was writing a letter.	*Ich machte gerade meine Hausaufgaben.* *Sie lasen gerade.* *Sie schrieb gerade einen Brief.*	Das *past progressive* (die Verlaufsform in der Vergangenheit) wird gebildet mit einer *simple past*-Form von ***to be*** **+ Partizip Präsens,** (*was/were* + Infinitiv mit *-ing*-Endung). In bejahten Sätzen gibt es keine Kurzformen!

Gebrauch

They were watching TV at the time. While he was putting up the tent, they arrived. She was wearing a long black dress and was sitting at the window. It was raining.	*Sie sahen zu diesem Zeitpunkt fern.* *Während er das Zelt aufstellte, kamen sie an.* *Sie trug ein langes schwarzes Kleid und saß am Fenster.* *Es regnete.*	Das *past progressive* verwendet man, – um eine **Handlung** zu beschreiben, die in der Vergangenheit gerade ablief, aber **noch nicht abgeschlossen** war, – für **Beschreibungen** in Erzählungen.

Bildung von verneinten Sätzen

Langform	Kurzform		
She was not driving at the time. They were not even looking at the moment.	She wasn't driving at the time. They weren't even looking at the moment.	*Sie fuhr zu diesem Zeitpunkt nicht.* *Sie sahen in diesem Augenblick sogar nicht hin.*	Das *past progressive* wird in verneinten Sätzen gebildet aus: ***was/were* + *not* + Partizip Präsens.** Kurzformen: ***wasn't/weren't* + Partizip Präsens**

Bildung von Fragesätzen

Were they wearing shorts? Was the sun shining at the time? Were you sleeping at 8? Were they playing rugby?	*Trugen sie Shorts?* *Schien zu diesem Zeitpunkt die Sonne?* *Schliefst du um 8 gerade?* *Spielten sie Rugby?*	Fragen werden im *past progressive* gebildet aus ***was/were* + Subjekt + Partizip Präsens.**

6

6

c) *simple past* und *past progressive*

	Gebrauch	
While we were eating, someone came to the door. I was hurrying to the bus stop, when I fell and broke my arm.	*Während wir aßen, kam jemand an die Tür.* *Ich eilte gerade zur Bushaltestelle, als ich hinfiel und mir den Arm brach.*	Oft werden zwei Handlungen einander gegenübergestellt. Das ***past progressive*** (die Verlaufsform der Vergangenheit) beschreibt das, was bereits angefangen hatte, aber noch nicht zu Ende war. Das ***simple past*** (die einfache Form der Vergangenheit) bezeichnet die neu eintretende Handlung.

4. *Present perfect*

Bildung			
Langform	Kurzform		
I have asked. They have gone. He has cooked the meal today. He has painted it.	I've asked. They've gone. He's cooked the meal today. He's painted it.	*Ich habe gefragt.* *Sie sind gegangen.* *Er hat heute das Essen gekocht.* *Er hat es gestrichen.*	Das *present perfect* der regelmäßigen Verben wird gebildet aus ***have/has*** **+ Partizip Perfekt.** Kurzformen: ***'ve/'s*** **+ Partizip Perfekt** Bei regelmäßigen Verben hat das Partizip Perfekt die gleiche Form wie das *simple past* (Infinitiv + *-ed*).

Gebrauch		
Look! Peter has just arrived. I've never been to Paris, but I'd like to visit the city.	*Schau! Peter ist gerade angekommen.* *Ich bin nie in Paris gewesen, aber ich möchte die Stadt besuchen.*	Das *present perfect* wird für Handlungen in der Vergangenheit verwendet, deren Wirkung bis in die Gegenwart reicht. **Signalwörter:** *yet, just, never, ever, always ...*

6

6

Rechtschreibung

to arrive: We have arrived.	*Wir sind angekommen.*	Bei den Partizip-Perfekt-Formen auf *-ed* gelten folgende Besonderheiten: – Das stumme End-*e* entfällt vor der Endung *-ed*.
to try: You've tried at least.	*Du hast es zumindest versucht.*	– *-y* nach einem **Konsonanten** wird zu *-i* vor der Endung *-ed*;
to stay: He has never stayed for a long time.	*Er ist nie lange geblieben.*	– *-y* nach einem **Vokal** bleibt dagegen erhalten.
to stop: She's stopped now.	*Sie hat jetzt aufgehört.*	– Nach einem kurzen Vokal wird der Endkonsonant vor der Endung *-ed* verdoppelt.

Zu Besonderheiten in der Aussprache der Partizip-Perfekt-Formen siehe S. 56.

Das *present perfect* von unregelmäßigen Verben

to find: I have found it.	*Ich habe es gefunden.*	Es gibt unregelmäßige Verben, die **eigene Formen** für das Partizip Perfekt haben. Sie müssen zusammen mit dem Infinitiv gelernt werden.
to give: We've given her the book.	*Wir haben ihr das Buch gegeben.*	
to go: She's gone.	*Sie ist gegangen.*	

6

Beispiele für unregelmäßige Verben

Infinitiv	simple past	Partizip Perfekt		
to be to buy to come to do to feed to find to give to go to have to take	was/were bought came did fed found gave went had took	been bought come done fed found given gone had taken	*sein* *kaufen* *kommen* *tun,* *machen* *füttern* *finden* *geben* *gehen* *haben* *nehmen*	Die Formen der unregelmäßigen Verben werden im Lexikon beim Infinitiv des jeweiligen Verbes angegeben.

Bildung von verneinten Sätzen

Langform	Kurzform		
You have not phoned him. It has not come yet. They have never been to Paris.	You haven't phoned him. It hasn't come yet. They've never been to Paris.	*Du hast ihn nicht angerufen.* *Es ist noch nicht gekommen.* *Sie sind noch nie in Paris gewesen.*	Die Verneinung wird im *present perfect* gebildet aus ***have/has*** **+** ***not*** **+ Partizip Perfekt,** Kurzform: ***haven't/hasn't*** **+ Partizip Perfekt**

Bildung von Fragesätzen

Have you taken him home? Has he had lunch? Have they done the work? Has she visited him there?	*Hast du ihn nach Hause gebracht?* *Hat er Mittag gegessen?* *Haben sie die Arbeit getan?* *Hat sie ihn dort besucht?*	Die Frage wird im *present perfect* gebildet aus ***have/has*** **+ Subjekt + Partizip Perfekt.**

5. *Simple past* und *present perfect* im Vergleich

Simple past and present perfect in comparison

He arrived three days ago. I visited my aunt last week. Sven lost his key yesterday.	*Er kam vor drei Tagen an.* *Ich habe meine Tante letzte Woche besucht.* *Sven hat gestern seinen Schlüssel verloren.*	Das ***simple past*** bezeichnet Handlungen, die in der Vergangenheit abgeschlossen wurden. Oft wird eine Zeitangabe der Vergangenheit benutzt. **Signalwörter:** *yesterday, last week, a month ago, in 1990, on Sunday, when?*
What a pity! Your friend has just gone. Have you ever won a prize? (If not, perhaps one day ...)	*Wie schade! Dein Freund ist gerade gegangen.* *Hast du jemals einen Preis gewonnen? (Wenn nicht, vielleicht eines Tages ...)*	Das ***present perfect*** bezeichnet ebenfalls Handlungen der Vergangenheit, aber ohne genaue Zeitangabe. Im Gegensatz zum *simple past* muss ein Bezug zur Gegenwart vorhanden sein! **Signalwörter:** *just, yet, never, ever, always*

6

6. *Going to-future*

	Bildung		
Langform	**Kurzform**		
I am going to have a look at it later. She is going to take the bus tomorrow. They are going to go there today.	I'm going to have a look at it later. She's going to take the bus tomorrow. They're going to go there today.	*Ich werde es mir später ansehen.* *Sie hat vor, morgen den Bus zu nehmen.* *Sie haben vor, heute dorthin zu gehen.*	Das *going to-future* wird gebildet aus ***am/are/is + going to* + Infinitiv.** Kurzformen: ***'m/'re/'s + going to* + Infinitiv**

	Gebrauch	
He is going to fly to America next year. We're going to go to the zoo on Saturday.	*Er beabsichtigt, nächstes Jahr nach Amerika zu fliegen.* *Wir haben vor, Sonnabend in den Zoo zu gehen.*	Das *going to-future* drückt Pläne, Vorhaben und Absichten aus.

6

	Bildung von verneinten Sätzen		
Langform	Kurzform		
I am not going to choose. She is not going to do it. We are not going to play.	I'm not going to choose. She isn't going to do it. We aren't going to play.	*Ich habe nicht vor zu wählen.* *Sie will es nicht tun.* *Wir haben nicht die Absicht zu spielen.*	Sätze mit dem *going to-future* werden verneint, indem man ***not*** zwischen die Form von *to be* und *going to* einfügt: ***am/are/is* + *not* + *going to* + Infinitiv.** Kurzformen: ***'m not/aren't/isn't* + *going to* + Infinitiv**

	Bildung von Fragesätzen	
Are you going to practise now? Is she going to feed it soon? Are you going to leave at 5? Are they going to win?	*Hast du jetzt vor zu üben?* *Beabsichtigt sie, es bald zu füttern?* *Hast du vor, um 5 wegzufahren?* *Haben sie vor zu gewinnen?*	Die Frage wird im *going to-future* gebildet aus: ***am/are/is* + Subjekt + *going to* + Infinitiv**

7. *Will-future*

Bildung			
Langform	**Kurzform**		
I will/shall do it later. It will probably rain. They will believe you.	I'll do it later. It'll probably rain. They'll believe you.	*Ich werde es später tun.* *Es wird wahrscheinlich regnen.* *Sie werden dir glauben.*	Das *will-future* wird gebildet aus ***will* + Infinitiv**. (In der 1. Person ist *shall* statt *will* möglich.) Kurzform für alle Personen: ***'ll* + Infinitiv**

Gebrauch		
I'll probably see them on Monday. I'm sure it'll be a nice day tomorrow. Wait a minute! I'll come, too.	*Ich werde sie wahrscheinlich am Montag sehen.* *Ich bin sicher, dass es morgen schön wird.* *Warte einen Augenblick! Ich komme auch mit.*	Das *will-future* wird verwendet, um – **Vorhersagen** und **Vermutungen** über künftiges Geschehen kundzutun; **Signalwörter:** *I'm sure, I imagine, I think, I hope, perhaps, probably …* – **spontane Entschlüsse** zu äußern.
When they leave we'll tidy up. She'll look when she arrives.	*Wenn sie weggehen, werden wir aufräumen.* *Sie wird schauen, wenn sie ankommt.*	In ***when*-Sätzen** steht *present tense* im Nebensatz, im Hauptsatz das *will-future*.
If the weather is nice, we'll go swimming.	*Wenn (= Falls) das Wetter schön ist, werden wir schwimmen gehen.*	In ***if*-Sätzen** mit *present tense* im Nebensatz (erfüllbare Bedingung) steht meistens das *will-future* im Hauptsatz.

6

	Bildung von verneinten Sätzen		
Langform	**Kurzform**		
We will not/shall not offer it. She will not drive. They will not get the bus.	We won't/shan't offer it. She won't drive. They won't get the bus.	*Wir werden es nicht anbieten.* *Sie wird nicht fahren.* *Sie werden den Bus nicht bekommen.*	Die Verneinung wird im *will-future* gebildet aus ***will* + *not* + Infinitiv.** (In der 1. Person sind auch *shall not* oder die Kurzform *shan't* möglich.) Kurzform: ***won't* + Infinitiv**

	Bildung von Fragesätzen	
Will you remember my birthday? Will they do it? Will he forget it?	*Wirst du an meinen Geburtstag denken?* *Werden sie es tun?* *Wird er es vergessen?*	Die Frage wird im *will-future* gebildet aus ***will* + Subjekt + Infinitiv.**

Modale Hilfsverben

1. *can* und *could*

Bejahte Sätze im *present tense*		
I can speak German. She can sing.	*Ich kann Deutsch.* *Sie kann singen.*	Um eine **Fähigkeit** im *present tense* auszudrücken, benutzt man ***can*** für alle Personen.
I'm able to play rugby. He's able to run faster than me.	*Ich kann Rugby spielen.* *Er kann schneller laufen als ich.*	Als zweite Möglichkeit kann eine Form von *to be able to* verwendet werden: ***am/are/is + able to.***

Verneinte Sätze im *present tense*		
She can't play tennis.	*Sie kann nicht Tennis spielen.*	Um eine **Unfähigkeit** auszudrücken, verwendet man ***cannot*** oder die Kurzform ***can't.***
They aren't able to speak French.	*Sie können kein Französisch.*	Man kann auch eine verneinte Form von *to be able to* benutzen: ***am/are/is + not + able to.***

	Past tense	
We could hear the music in the disco. But we couldn't see the band. Could you see them?	*Wir konnten die Musik in der Disko hören.* *Aber wir konnten die Band nicht sehen.* *Konntest du sie sehen?*	– **Bejahte Sätze:** Im *past tense* wird ***could*** für alle Personen verwendet. – **Verneinte Sätze:** ***could not*** oder die Kurzform ***couldn't*** – **Fragesätze:** ***could*** **+ Subjekt**
She was able to hear them. We were able to see them.	*Sie konnte sie hören.* *Wir konnten sie sehen.*	Ebenso kann eine Form von *to be able to* im *simple past* gebraucht werden: ***was/were + able to.***

6

2. *must* und *to have to*

Bejahte Sätze im *present tense*		
They must begin soon. He must leave now.	*Sie müssen bald beginnen.* *Er muss jetzt gehen.*	Um eine **Notwendigkeit** im *present tense* auszudrücken, benutzt man ***must*** für alle Personen.
We have to go. She has to make it.	*Wir müssen gehen.* *Sie muss es machen.*	Eine zweite Möglichkeit besteht aus einer Form von *to have to*: ***have/has to***.

Verneinte Sätze im *present tense*		
She need not ask. They needn't stop. He **mustn't** drive!	*Sie braucht nicht zu fragen.* *Sie müssen nicht anhalten.* *Er **darf nicht** fahren!*	Die Verneinung von *must* im *present tense* heißt ***need not*** oder verkürzt ***needn't***. **Achtung:** Die Verneinung von *must* ist **nicht** *mustn't*!
I don't have to ask. He doesn't have to come.	*Ich brauche nicht zu fragen.* *Er muss nicht kommen.*	Ebenso kann man eine verneinte Form von *to have to* benutzen: ***do/does* + *not* + *have to*.**

	Past tense	
We had to ask. They didn't have to lock it. Did you have to be so loud?	*Wir mussten fragen.* *Sie brauchten es nicht abzuschließen.* *Musstest du so laut sein?*	Im *past tense* gibt es nur die Ersatzform *to have to*. – **Bejahte Sätze:** ***had to*** – **verneinte Sätze:** ***did + not + have to*** – **Fragesätze:** ***did* + Subjekt + *have to***

6

3. *may* und *to be allowed to*

Bejahte Sätze im *present tense*		
He may eat something. You may see it.	*Er darf etwas essen. Du darfst es sehen.*	Um eine **Erlaubnis** auszudrücken, verwendet man im *present tense* ***may*** in allen Personen.
I'm allowed to drive. He is allowed to do that. They're allowed to go.	*Ich darf fahren. Er darf das tun. Sie dürfen gehen.*	Ebenso kann eine Form von *to be allowed to* verwendet werden: ***am/are/is + allowed to.***

Verneinte Sätze im *present tense*		
He may not get up. She mustn't drive!	*Er darf nicht aufstehen. Sie darf nicht fahren!*	Die Verneinung von *may* heißt ***may not*** oder ***must not*** (verkürzt: ***mustn't***). *Must not* ist das stärkere Verbot.
They aren't allowed to choose.	*Sie dürfen nicht wählen.*	Man kann auch eine verneinte Form von *to be allowed to* benutzen: ***am/are/is + not + allowed to.***

6

	Past tense	
He was allowed to have it. They weren't allowed to ride this horse. Were you allowed to play?	*Er durfte es haben.* *Sie durften dieses Pferd nicht reiten.* *Durftest du spielen?*	Im *past tense* muss die Ersatzform *to be allowed to* benutzt werden: – **Bejahte Sätze:** ***was/were*** **+** ***allowed to*** – **verneinte Sätze:** ***was/were*** **+** ***not*** **+** ***allowed to*** – **Fragesätze:** ***was/were*** **+ Subjekt +** ***allowed to***

6

6

4. Die Modalverben und ihre Ersatzformen im Überblick

„können“, „fähig sein zu“		
Zeiten	bejahter Satz	verneinter Satz
present tense Ersatzform	can am/are/is able to	cannot, can't am not/are not/is not able to
past tense Ersatzform	could was/were able to	could not was not/were not able to

	„dürfen“	
Zeiten	bejahter Satz	verneinter Satz
present tense Ersatzform	may am/are/is allowed to	may not, must not am not/are not/is not allowed to
past tense Ersatzform	– was/were allowed to	– was not/were not allowed to

	„müssen“	
Zeiten	bejahter Satz	verneinter Satz
present tense Ersatzform	must have/has to	need not have not/has not to
past tense Ersatzform	– had to	– did not have to

Der Satz

1. Die Wortstellung in Aussage- und verneinten Sätzen

Word order in positive and negative sentences

	Die Stellung von Subjekt, Verb und Objekt			
		Subjekt	Verb	Objekt
Hauptsatz Nebensatz	 because	I his father	took didn't have	him any time.
Hauptsatz Nebensatz	 when	We we	can write have got	postcards more time.
Hauptsatz		They	haven't read	the book.

6

Sowohl in Haupt- wie auch in Nebensätzen steht die Wortstellung im Englischen fest: **Subjekt – Verb – Objekt.**
Achtung:
Im Gegensatz zum Deutschen dürfen im Englischen Verb und Objekt nie getrennt werden!

	Die Stellung von Orts- und Zeitangaben				
Zeit	Subjekt	Verb	Objekt	Ort	Zeit
 Now	Peter we	plays are going	hockey	there home.	at 3.

Orts- und Zeitangaben stehen in der Regel am Satzende.
Dabei gilt: **Ort vor Zeit.**
Die Zeitangabe kann zur Betonung auch am Satzanfang stehen.

Die Stellung von Adverbien		
Sven has always wanted a bike. They didn't often go. He even likes carrots. She is just leaving. You're never on time! She's really beautiful!	*Sven hat sich immer ein Fahrrad gewünscht.* *Sie gingen nicht oft.* *Er mag sogar Karotten.* *Sie geht gerade weg.* *Du bist nie pünktlich!* *Sie ist wirklich hübsch!*	Die Adverbien *always, sometimes, usually, often, never, just, already, still, even, ever* und *really* stehen **vor dem Vollverb.** **Ausnahme:** ***to be*** als selbstständiges Verb. Hier steht das Adverb **nach dem Vollverb** *am, are* oder *is*.
We haven't brought them yet. They haven't ridden before.	*Wir haben sie noch nicht gebracht.* *Sie sind vorher noch nie geritten.*	Die Adverbien *yet* und *before* stehen **am Satzende.**

6

2. Fragen ohne Fragewörter

Questions without question words

		Bildung		
Hilfsverb	**Subjekt**	**Vollverb**		
Have Does Did Was Can	the boys she he she he	got try? win? working? play	the car? now?	Fragen ohne Fragewörter (Entscheidungsfragen) werden folgendermaßen gebildet: **Hilfsverb + Subjekt + Vollverb.**
Vollverb				
Am Were Is Was	I they Mary she		too late? here? at home? at school?	**Ausnahme:** Die Formen des Vollverbs *to be* benötigen **kein Hilfsverb** zur Bildung einer Frage.

6

3. Fragen mit Fragewörtern

Questions with question words

		Bildung			
Fragewort	Hilfsverb	Subjekt	Vollverb		
What Where When Why How Why	did do does are is must	Dr Green they the train you she she	say work? leave? going playing? go?	then? now?	Fragen mit Fragewörtern werden folgendermaßen gebildet: **Fragewort + Hilfsverb + Subjekt + Vollverb.**
	Vollverb				
How Why	was are	he? they		 here?	**Ausnahme:** ***To be*** als selbstständiges Verb braucht **kein Hilfsverb** zur Bildung einer Frage.

Die Stellung von Adverbien		
Why are they still working? Can she really win? Where does he usually buy tickets? Has she done it yet? Have they ever lost it before?	*Warum arbeiten sie noch?* *Kann sie wirklich gewinnen?* *Wo kauft er normalerweise Fahrkarten?* *Hat sie es schon gemacht?* *Haben sie es vorher schon mal verloren?*	Die Stellung von Adverbien ist in Fragen die gleiche wie in Aussage- und verneinten Sätzen: – *always, sometimes, usually, often, never, just, already, still, even, ever* und *really* stehen **vor dem Vollverb.** – Die Adverbien *yet* und *before* stehen **am Satzende.**

4. *Who* und *what* als Subjekt und Objekt in Fragesätzen

	Who und *what* als Subjekt		
Subjekt	Verb		
Who	plays	tennis with him?	*Wer spielt Tennis mit ihm?*
What	flew	through the air?	*Was flog durch die Luft?*

Die Fragewörter *who* und *what* können **Subjekt** des Fragesatzes sein.
Die Hilfsverben *do/does* (im *simple present*) und *did* (im *simple past*) werden in diesem Fall **nicht** verwendet.

	Who und *what* als Objekt				
Objekt	Hilfsverb	Subjekt	Vollverb		
Who	did	they	meet	here?	*Wen trafen sie hier?*
What	does	he	like?		*Was mag er?*
Who	do	you	know?		*Wen kennst du?*
What	have	they	got?		*Was haben sie?*
Who	can	we	visit	now?	*Wen können wir jetzt besuchen?*

Who und *what* können auch **Objekt** des Fragesatzes sein.
Die Hilfsverben *do/does/did* **müssen** verwendet werden, wenn kein anderes Hilfsverb, z.B. eine Form von *to be* oder *to have* oder ein modales Hilfsverb (z.B. *can, must, will*) im Satz vorhanden ist.
Achte auf die Wortstellung.

5. Die Fragewörter *which* und *what*

Which sport do you like better – tennis or rugby? Which of you is going to do it?	*Welche Sportart magst du lieber – Tennis oder Rugby?* *Welcher von euch wird es tun?*	Fragt man nach einer **begrenzten** Anzahl von Personen oder Sachen, benutzt man das Fragewort ***which***.
What games can we play? What date is today?	*Welche Spiele können wir spielen?* *Der Wievielte ist heute?*	Fragt man nach einer **unbegrenzten** Anzahl von Personen oder Sachen, verwendet man das Fragewort ***what***.

6. Kurzantworten

Short answers

	Bildung	
Entscheidungsfrage	Kurzantwort	
Did Peter come yesterday? *Ist Peter gestern gekommen?* Do you like cheese? *Magst du Käse?* Are they working now? *Arbeiten Sie gerade?* Were you there last week? *Warst du letzte Woche da?* Are they at home now? *Sind sie jetzt zu Hause?*	Yes, he did. *Ja.* Yes, I do. *Ja.* Yes, they are. *Ja.* Yes, I was. *Ja.* Yes, they are. *Ja.*	Kurzantworten sind Sätze, die *yes* oder *no* ergänzen. Sie werden aus Teilen der vorangehenden Entscheidungsfrage gebildet: **Subjekt** (als Pronomen!) + **Hilfsverb.** **Ausnahme:** Bei ***to be*** als selbstständigem Verb wird das Vollverb wieder aufgenommen. Bei Ja-Antworten gibt es keine Kurzformen.
Did she go to school? *Ist sie zur Schule gegangen?* Is he already here? *Ist er schon hier?* Do you play tennis? *Spielst du Tennis?* Were you late? *Kamt ihr zu spät?*	No, she didn't. *Nein.* No, he isn't. *Nein.* No, I don't. *Nein.* No, we weren't. *Nein.*	Bei Nein-Antworten werden meist Kurzformen verwendet. **Achtung:** *You* als Subjekt in der Entscheidungsfrage wird zu *I* oder *we* in der Kurzantwort.

6

Zahlen, Uhrzeit

1. Grundzahlen

Cardinal numbers

1	one	18	eighteen
2	two	19	nineteen
3	three	20	twenty
4	four	21	twenty-one
5	five	22	twenty-two
6	six	30	thirty
7	seven	40	forty
8	eight	50	fifty
9	nine	60	sixty
10	ten	70	seventy
11	eleven	80	eighty
12	twelve	90	ninety
13	thirteen	100	a/one hundred
14	fourteen	200	two hundred
15	fifteen	210	two hundred and ten
16	sixteen	333	three hundred and thirty-three
17	seventeen		

Beachte:
- Zwischen Zehnern und Einern steht ein Bindestrich: *twenty-one.*
- Vor *hundred* steht immer der unbestimmte Artikel oder ein Zahlwort: *a/one hundred.*
- *Hundred* erhält kein Plural *-s*: *two hundred.*
- Bei Zahlen über 100 steht vor Zehnern und Einern *and*: *two hundred and ten*; *three hundred and thirty-three.*
- Folgende Unterschiede in der Schreibung führen häufig zu Fehlern:
  three (3) – **aber:** *thirteen* (13) und *thirty* (30)
  four (4) – **aber:** *forty* (40)
  five (5) – **aber:** *fifteen* (15) und *fifty* (50)
  eight (8) – **aber:** *eighteen* (18) und *eighty* (80)

2. Jahreszahlen

Years

Schreibung	Aussprache	
1235	twelve thirty-five	– Jahreszahlen werden häufig in Zehnereinheiten gesprochen.
1600	sixteen hundred	– Die Zahl Null wird ***oh*** gesprochen.
1905	nineteen oh-five	
2000	two thousand	
2003	two thousand and three	

3. Ordnungszahlen

Ordinal numbers

1st	first	8th	eighth	20th	twentieth
2nd	second	9th	ninth	21st	twenty-first
3rd	third	10th	tenth	22nd	twenty-second
4th	fourth	11th	eleventh	23rd	twenty-third
5th	fifth	12th	twelfth	24th	twenty-fourth
6th	sixth	13th	thirteenth	30th	thirtieth
7th	seventh	19th	nineteenth	31st	thirty-first
				100th	hundredth

Beachte:
Die Ordnungszahlen werden in der Regel auf *-th* gebildet:
fourth (= „vierter"), *hundredth* (= „hundertster").

Ausnahmen:
- *First, second* und *third* sind unregelmäßige Formen. Sie werden auch bei zusammengesetzten Ordnungszahlen gebraucht: *twenty-first* ...
- Bei den Zehnerzahlen von 20–90 wird *-y* vor *-th* in *-ie* umgewandelt: *twentieth, thirtieth* ...
- Beachte folgende Unterschiede in der Schreibung:
  five (5) – **aber:** *fifth* (5.)
  eight (8) – **aber:** *eighth* (8.)
  nine (9) – **aber:** *ninth* (9.)
  twelve (12) – **aber:** *twelfth* (12.)

4. Uhrzeit

Telling the time

Schreibung	Aussprache	
2.00	two o'clock	– Bei **vollen Stunden** sagt man *o'clock* nach der Zahl.
2.03 2.15 2.30 2.20	three minutes past two (a) quarter past two half past two twenty (minutes) past two	– Von der **1. bis zur 30. Minute** bezieht man sich mit ***past*** auf die vorhergehende Stunde. – Bei Zeitangaben mit Fünferzahlen (5, 10, 15...) kann man ***minutes*** weglassen.
2.45 2.59	a quarter to three one minute to three	– Von der **31. bis zur 59. Minute** bezieht man sich mit ***to*** auf die folgende Stunde.
6.05 9.15 10.30 12.55	six oh-five nine fifteen ten thirty twelve fifty-five	Bei **Fahrplänen** nennt man nur die Grundzahlen.

6

Rechtschreibung und Aussprache

1. Besonderheiten in der Rechtschreibung

	Großschreibung	
This is my family.	*Dies ist meine Familie.*	Im Englischen werden **immer** großgeschrieben: – das erste Wort im Satz
When I saw him, he was reading.	*Als ich ihn sah, las er gerade.*	– das Personalpronomen „ich“
We'll come on Tuesday.	*Wir werden am Dienstag kommen.*	– Wochentage
Monday, June 1st	*Montag, den 1. Juni*	– Monate
He is in London.	*Er ist in London.*	– Städtenamen
Tom is visiting France.	*Tom besucht Frankreich.*	– Ländernamen
He speaks French.	*Er spricht französisch.*	– Sprachen
She's English.	*Sie ist Engländerin.*	– Staatsangehörigkeiten
Mary is my sister.	*Mary ist meine Schwester.*	– Eigennamen
His father is nice. Can you help me, Father? What's the name of this street? – King Street.	*Sein Vater ist nett.* *Kannst du mir helfen, Vater?* *Wie heißt diese Straße?* *– Königstraße.*	**Achtung:** Einige Nomen können als Eigennamen verwendet werden.

6

6

	Der *s*-Genitiv	
Katrin's rabbit the boy's dog the children's animals	*Katrins Kaninchen* *der Hund des Jungen* *die Tiere der Kinder*	Der Genitiv wird mit **Apostroph + -*s*** gebildet – wenn das Nomen im Singular steht, – bei unregelmäßigen Pluralformen.
the girls' brother	*der Bruder der Mädchen*	Bei Pluralformen auf -*s* steht nur der **Apostroph**.

	-y wird zu *-i*	
angry – angrily noisy – noisily easy – easier – easiest to try – he tried to cry – he has cried	*wütend* *laut, lärmend* *leicht – leichter – am leichtesten* *versuchen – er versuchte* *schreien – er hat geschrien*	-*y* wird zu -*i* – vor -*ly* bei der Bildung von Adverbien, – vor -*er* und -*est* bei der Steigerung von **zweisilbigen** Adjektiven, – vor -***ed*** bei der Bildung des *simple past* und des Partizips Perfekt, wenn -*y* auf einen **Konsonanten** folgt.
gay – gayer – the gayest to enjoy – she enjoyed	*fröhlich – fröhlicher – am fröhlichsten* *genießen – sie genoss*	**Achtung:** -*y* bleibt erhalten – bei der Steigerung von **einsilbigen** Adjektiven, – vor -*ed*, wenn der Infinitiv mit einem **Vokal** endet.

	-y wird zu -ie	
family – families to carry – he carries	*Familie –Familien* *tragen – er trägt*	Nach einem **Konsonanten** wird *-y* zu *-ie* – vor dem Plural-*s* bei Nomen, – vor der Endung *-s* bei der 3. Person Singular Präsens der Verben.
boy – boys to stay – she stays	*Junge – Jungen* *bleiben – sie bleibt*	**Achtung:** Nach einem **Vokal** bleibt das *-y* vor der Endung *-s* erhalten!

	-ie wird zu -y	
to tie – he is tying to lie – she was lying	*verschnüren – er verschnürt gerade* *liegen – sie lag gerade*	*-ie* wird zu *-y* vor der *-ing*-Endung bei der Bildung des Partizips Präsens.

	Wegfall des stummen End-e	
nice – nicer – nicest to leave – he is leaving to close – she was closing to arrive – he arrived to like – she has liked	*schön –schöner – am schönsten* *weggehen – er geht gerade weg* *schließen – sie schloss gerade* *ankommen – er kam an* *mögen – sie hat gemocht*	Das stumme End-*e* entfällt – vor *-er* und *-est* bei der Steigerung von Adjektiven, – vor der *-ing*-Endung bei der Bildung des Partizips Präsens, – vor *-ed* bei der Bildung des *simple past* und des Partizips Perfekt.

6

-le wird zu *-ly*

suitable – suitably terrible – terribly	*passend* *schrecklich*	Bei der Bildung von Adverbien wird *-le* zu *-ly*, wenn vor der Endung *-le* ein **Konsonant** steht.

Verdoppelung des Endkonsonanten

big – bigger –biggest to win – they are winning to sit – he was sitting to stop – they stopped to travel – she has travelled	*groß – größer – am größten* *gewinnen – sie gewinnen gerade* *sitzen – er saß gerade* *anhalten –sie hielten an* *reisen – sie ist gereist*	**Nach kurzem Vokal** wird der Endkonsonant **verdoppelt** – vor *-er* und *-est* bei der Steigerung von Adjektiven, – vor der *-ing*-Endung bei der Bildung des Partizips Präsens, – vor *-ed* bei der Bildung des *simple past* und des Partizips Perfekt.

-f und *-fe* werden zu *-ve*

wolf – wolves wife –wives	*Wolf – Wölfe* *Ehefrau – Ehefrauen*	Bei Nomen, die auf *-f* oder *-fe* enden, werden *-f* oder *-fe* vor dem Plural *-s* zu ***-ve***.

Eingeschobenes *-e* nach Zischlaut

glass – glasses to fix – he fixes	*Glas – Gläser* *befestigen – er befestigt*	Nach einem **Zischlaut** wird vor die Endung *-s* ein *-e* eingeschoben – bei der Pluralbildung der Nomen, – bei der Bildung der 3. Person Singular Präsens der Verben.

Kurzformen in verneinten Sätzen

Langform	Kurzform		
She need not go. She must not get up. They do not want it.	She needn't go. She mustn't get up. They don't want it.	*Sie muss nicht gehen.* *Sie muss nicht aufstehen.* *Sie wollen es nicht.*	Achte auf die Rechtschreibung bei Kurzformen mit ***not.*** Anstelle des Buchstaben *o* wird ein **Apostroph** geschrieben.
I cannot see him.	I can't see him.	*Ich kann ihn nicht sehen.*	**Besonderheit:** ***cannot*** wird zu ***can't.***

6

6

Gleich klingende Wörter

Es gibt eine Reihe von Wörtern, die die gleiche Aussprache haben, die aber anders geschrieben werden und eine andere Bedeutung haben.
Im Satzzusammenhang ist das betreffende Wort erkennbar.

bean / been	*Bohne / von* to be *(sein)*
blue / blew	*blau / von* to blow *(wehen)*
break / brake	*(zer)brechen / Bremse*
by / bye / buy	*mit, von / tschüss / kaufen*
cent / sent	*Cent / von* to send *(schicken)*
dear / deer	*liebe(r, s) / Reh, Hirsch; Rotwild*
eight / ate	*acht / von* to eat *(essen)*
eye / I	*Auge / ich*
for / four	*für / vier*
hear / here	*hören / hier*
hey / hay	*he / Heu*
hi / high	*hallo / hoch*
hour / our	*Stunde / unser, unsere*
it's / its	*es ist / seine(r)*
know / no	*kennen, wissen / nein, kein(e)*
knows / nose	*von* to know *(wissen) / Nase*
knew / new	*von* to know *(wissen) / neu*
meat / meet	*Fleisch / treffen, (sich) kennen lernen*
one / won	*ein(e); eins / von* to win *(gewinnen)*
red / read	*rot / von* to read *(lesen)*
right / write	*richtig / schreiben*
road / rode	*(Land-)straße / von* to ride *(reiten, (Rad) fahren)*
role / roll	*Rolle / Brötchen*
sail / sale	*Segel, segeln / (Aus-)Verkauf*
see / sea	*sehen / Meer*
sight / site	*Sehenswürdigkeit / Lage, (Bau-)platz*
son / sun	*Sohn / Sonne*
there / their / they're	*da, dort(hin) / ihr, ihre / sie sind*
threw / through	*von* to throw *(werfen) / durch*
too / two / to	*auch; zu / zwei / zu, nach, in*
wear / where	*(Kleidung) tragen, anhaben / wo(hin)*
weak / week	*schwach / Woche*
wood / would	*Wald, Holz / von* will *(wollen)*
your / you're	*dein(e), euer, eure, Ihr(e) / du bist, ihr seid, Sie sind*

Ähnlich geschriebene Wörter

Es gibt eine Reihe von Wörtern, die oft verwechselt werden, weil sie ähnlich geschrieben werden. Sie haben jedoch unterschiedliche Bedeutungen und werden auch unterschiedlich ausgesprochen.

her / here *ihr(e), ihr, sie / hier*	She's with her sister here in the kitchen.	*Sie ist mit ihrer Schwester hier in der Küche.*
he's / his *er ist / seine*	He's happy with his new bike.	*Er ist glücklich mit seinem neuen Fahrrad.*
of / off *von / von, ab, herunter*	I don't know the name of the book. He always gets off the train in London.	*Ich kenne den Namen des Buches nicht.* *Er steigt immer in London aus dem Zug.*
than / then *als / dann, damals*	Tapsy is faster than a cat. First she waited. Then she jumped.	*Tapsy ist schneller als eine Katze.* *Zuerst wartete sie.* *Dann sprang sie.*
this *diese(r,s)* that *jene(r,s) dort* these *diese, die (hier)* those *die / diese (da), jene (dort)*	I like this salad and that cheese. I don't like these chips but I like those biscuits.	*Ich mag diesen Salat und den Käse dort.* *Ich mag diese Pommes frites nicht, aber ich mag die Kekse da.*
where / were *wo, wohin / (du) warst, (ihr) wart, (wir, sie, Sie) waren*	Where are they? Yesterday we were at the cinema.	*Wo sind sie?* *Gestern waren wir im Kino.*

6

6

2. Besonderheiten in der Aussprache

	Die Endung *-ed*	
to fix – she fixed to scream – he has screamed	*befestigen – sie befestigte* *schreien – er hat geschrien*	Die regelmäßigen Formen des *simple past* und des Partizips Perfekt enden auf *-ed.*
It rained [d] on Monday. We played [d] with the rabbits.	*Es regnete am Montag.* *Wir spielten mit den Kaninchen.*	**Aussprache:** *-ed* wird stimmhaft [d] ausgesprochen, wenn der Infinitiv mit – einem **stimmhaften Konsonanten** *(b, d, g, l, m, n, v ...)* oder – einem **Vokal** endet.
They helped [t] a lot. You asked [t] a good question.	*Sie halfen viel.* *Du hast eine gute Frage gestellt.*	Endet der Infinitiv mit einem **stimmlosen Konsonanten** *(f, k, p, s ...)*, wird *-ed* stimmlos [t] gesprochen.
They visited [id] their aunt. She ended [id] the lesson early.	*Sie besuchten ihre Tante.* *Sie beendete die Unterrichtsstunde früh.*	Wenn der Infinitiv mit ***t*** oder ***d*** endet, wird die Endung *-ed* als zusätzliche Silbe [id] gesprochen.

Die Endung *-s*

boy – boys to like – he likes	*Junge – Jungen* *mögen – er mag*	Der Plural der Nomen und die 3. Person Singular Präsens der Verben werden mit der Endung *-s* gebildet.
He runs [z] more quickly than his brother. His photos [z] are beautiful.	*Er läuft schneller als sein Bruder.* *Seine Fotos sind schön.*	**Aussprache:** *-s* wird stimmhaft [z] ausgesprochen – nach **stimmhaften Konsonanten** *(b, d, g, l, m, n, r, v ...)* und – nach **Vokalen.**
Where are my socks [s]? She stops [s] at the corner.	*Wo sind meine Socken?* *Sie hält an der Ecke.*	Nach **stimmlosen** Konsonanten *(p, t, k, f ...)* wird *-s* stimmlos [s] gesprochen.

Die Silbe *-es* nach Zischlauten

glass – glasses to mix – he mixes	*Glas – Gläser* *mischen – er mischt*	Nomen und Verben, die mit einem **Zischlaut** enden, bilden den Plural bzw. die 3. Person Singular Präsens mit *-es*.
peaches [iz] she fixes [iz]	*Pfirsiche* *sie befestigt*	**Aussprache:** Die Endsilbe *-es* wird als [iz] gesprochen.
face – faces [iz] to promise – he promises [iz]	*Gesicht – Gesichter* *versprechen – er verspricht*	Folgt auf den **Zischlaut** bereits ein stummes End-*e*, wird nur *-s* angehängt, aber die zusätzliche Silbe *-es* wird ebenfalls [iz] ausgesprochen.

6

Wortliste

about = *über; ungefähr, etwa*
to talk about = *sprechen über / von*
what about your mother? = *was ist mit deiner Mutter?*
I've heard so much about it. = *Ich habe soviel darüber gehört.*
accident = *Unfall*
across = *(quer) über*
address = *Adresse, Anschrift*
advert = advertisement = *Reklame, Anzeige*
afraid:
I'm afraid. = *Ich habe Angst.*
after = *nach; nachdem*
after that = *danach*
afternoon = *Nachmittag*
again = *wieder*
age = *Alter*
ago = *vor (einiger Zeit)*
three weeks ago = *vor drei Wochen*
to agree = *zustimmen*
air = *Luft*
airport = *Flughafen*
all = *alle*
all the time = *die ganze Zeit*
all over the floor = *überall auf dem Boden*
almost = *fast*
alone = *allein*
along = *entlang*
already = *schon*
also = *auch*
always = *immer*
angry = *wütend, böse, zornig*
animal = *Tier*
answer = *Antwort*
to answer = *(be)antworten*
to answer the door = *die Tür aufmachen*
apple = *Apfel*
to arrive = *ankommen*
to arrive early = *zeitig ankommen*
as:
as old as = *so alt wie*
He isn't as big as him. = *Er ist nicht so groß wie er.*
as always = *wie immer*
as Lady Di = *als Lady Di*
as numbers = *als Zahlen*
at = *an, bei, auf, in*
at my grandparents' farm = *auf dem Bauernhof meiner Großeltern*
at the moment = *im Augenblick*
at the seaside = *am Meer*
at school = *in der Schule*
at the party = *bei dem Fest*
at the market = *auf dem Markt*
at the end = *am Ende*
at the cinema = *im Kino*
to look at = *anschauen*
at this time = *um diese Zeit*
at the ... shop = *im ... Laden*
to work at her computer = *an ihrem Computer arbeiten*
to leave at 5 = *um 5 weggehen*
at the door = *an der Tür*
at the corner = *an der Ecke*
at least = *mindestens*
at the zoo = *im Zoo*
at first = *zuerst, zunächst*
to stay at the Park Hotel = *im Park Hotel übernachten*
at the station = *am Bahnhof*
autumn = *Herbst*
away = *entfernt, weg*
to throw away = *wegwerfen*

back = *zurück*
to come back = *zurückkommen*
bad = *schlecht; schlimm*
banana = *Banane*
band = *Band, Kapelle*
bank = *Bank, Sparkasse*
to bark = *bellen*
bathroom = *Badezimmer*
beach = *Strand*
bean = *Bohne*
bear = *Bär*
beautiful = *(wunder)schön*
because = *weil, denn*
to become = *werden*
before = *vorher; vor (einem Zeitpunkt); bevor*
to begin = *beginnen, anfangen*
to begin talking = *anfangen zu reden, beginnen zu sprechen*
behind = *hinter*
to believe = *glauben*
bell = *Klingel; Glocke*
bend = *Kurve, Biegung*
to bet = *wetten*
better = *besser*
bicycle = *Fahrrad*
bike = *Fahrrad*
to go by bike = *mit dem Fahrrad fahren*
bird = *Vogel*
birthday = *Geburtstag*
biscuit = *Keks*
black = *schwarz*
blazer = *Blazer*
blouse = *Bluse*
to blow (blew; blown) = *wehen, blasen*
blue = *blau*
board = *(Wand-)tafel; Brett*
boot = *Kofferraum; Stiefel*
boring = *langweilig*
both = *beide, beides*
both of them = *(alle) beide*
bottle = *Flasche*
brake = *Bremse*
to break (broke; broken) = *(zer)brechen*
bridge = *Brücke*
bright = *hell, leuchtend*
to bring (brought; brought) = *(mit-, her)bringen*
brush = *Besen, Bürste, Schrubber*
busy = *beschäftigt*
The Meyers have had a busy day. = *Die Familie Meyer hat heute viel zu tun gehabt.*
but = *aber*
butter = *Butter*
to butter = *mit Butter bestreichen*
to buy (bought; bought) = *kaufen*
by:
to go by bike = *mit dem Fahrrad fahren*
to go by train = *mit dem Zug fahren*
they make their living by fishing = *sie verdienen sich ihren Lebensunterhalt durch das Fischen*
bye = *tschüss*

cafeteria = *Kantine, Cafeteria*
cage = *Käfig*
cake = *Kuchen*
to call = *(an)rufen*
camera = *Fotoapparat, Kamera*
camping-site = *Campingplatz*
capital = *Hauptstadt*
carrot = *Möhre, Karotte*
to carry = *tragen*
to catch:
to catch a train = *einen Zug erreichen*
centre = *(Stadt-)Mitte, (Stadt-) Zentrum*
shopping centre = *Einkaufszentrum*

chance = *Chance, Gelegenheit*
to change = *(Geld) wechseln*
cheap = *billig*
to check = *(über)prüfen, kontrollieren*
chest = *Brust(korb)*
chicken = *Huhn; (Brat-)Hähnchen*
chip:
  fish and chip shop = *Imbissstube (hauptsächlich für Fisch, Pommes Frites und Pasteten)*
chips = *Pommes frites*
chocolate = *Schokolade*
  hot chocolate = *Kakao*
to choose (chose; chosen) = *(aus)wählen, aussuchen*
church = *Kirche*
cinema = *Kino*
city = *Stadt, Großstadt*
clean = *sauber*
to clean (cleaned) = *putzen, reinigen, saubermachen*
to climb (climbing; climbed) = *klettern, steigen*
  to go climbing = *klettern gehen, Bergsteigen gehen*
clock = *(Wand-, Stand-, Turm-)Uhr*
clothes = *Kleider, Kleidung*
cloudy = *wolkig*
club = *Klub, Verein*
cold:
  a bad cold = *ein starker Schnupfen*
to collect = *sammeln*
to come (comes; came; come) = *kommen*
  to come back = *zurückkommen*
  to come out = *herauskommen*
competition = *Wettbewerb, Wettkampf*
to complete = *vervollständigen*
computer = *Computer*
confident = *(selbst)sicher, selbstbewusst, zuversichtlich*
to cook = *kochen, zubereiten*
corner = *Ecke*
correct = *richtig*
to cost = *kosten*
costume = *Kostüm*
country = *Land; Staat*
  in the country = *auf dem Land*
cousin = *Vetter, Kusine*
cow = *Kuh*
crazy = *verrückt*
crown = *Krone*
to cycle (cycling) = *radfahren*
  to go cycling = *radfahren gehen*

dangerous = *gefährlich*
dark = *dunkel*
to decide = *beschließen, (sich) entscheiden*
disco = *Disko*
dishes = *Geschirr*
district = *Gegend*
doctor = *Arzt, Ärztin*
down = *herunter, hinunter; herab, hinab*
  to take down = *fällen*
  to lie down = *sich hinlegen*
  to write down = *aufschreiben*
to dress = *anziehen*
  to dress up = *sich anziehen*
to drive (drove; driven) = *(Auto) fahren*
driver = *(Auto-)Fahrer, Fahrerin*
duck = *Ente*

early = *früh*
  to arrive early = *zeitig ankommen*
east = *(nach) Osten; östlich; Ost-*
to eat (ate; eaten) = *essen, fressen*
empty = *leer*
to end (ended) = *(be)enden*
to enjoy (enjoyed) = *genießen, Spaß haben an*
enough = *genug*

even = *sogar*
not even = *nicht einmal*
ever = *je(mals), schon mal*
every = *jeder, jede, jedes*
every half hour = *alle halbe Stunde*
to exchange = *wechseln, tauschen*
excited = *aufgeregt*

to fall (fell; fallen) = *fallen*
to fall off = *herunterfallen*
famous = *berühmt*
fantastic = *toll, phantastisch*
far = *weit*
farm = *Bauernhof, Farm*
fast = *schnell*
favourite = *Lieblings-*
to feed (fed; fed) = *füttern*
to feel (felt; felt) = *(sich) fühlen*
field = *Feld, Wiese, Weide*
to find (found; found) = *finden*
to finish = *ins Ziel kommen; enden, aufhören (mit)*
he's almost finished = he has almost finished = *er ist fast fertig*
finished = *fertig*
fish (fish) = *Fisch(e)*
to fish = *fischen, angeln*
flight = *Flug*
floor = *Fußboden; Stockwerk, Etage*
on the twelfth floor = *im zwölften Stockwerk*
to fly (flew; flown) = *fliegen*
foggy = *neblig*
following = *folgend*
for = *für*
to look for = *suchen*
for the first time = *zum ersten Mal*
to forget (forgot; forgotten) = *vergessen*
fresh = *frisch*
friendly = *freundlich*
from = *von*
Where did it come from? = *Woher kam es? / Woher ist es gekommen?*
from 7 till 11p.m. = *von 7 bis 11 Uhr abends*
front:
in front of = *vor*
the front door = *die Haustür*
funny = *lustig, witzig, komisch*

game = *Spiel*
garage = *Garage*
Germany = *Deutschland*
to get (got; got) = *holen; bekommen*
he gets off the train = *er steigt aus dem Zug*
giraffe = *Giraffe*
to give (gave; given) = *geben*
glad = *froh*
to go (went; gone) = *gehen; fahren*
they went off = *sie gingen / fuhren weg, sie sind weggegangen / weggefahren*
to go swimming = *schwimmen gehen*
to go to bed = *ins Bett gehen*
to go shopping = *einkaufen gehen*
to go to school = *zur Schule gehen*
grandparents = *Großeltern*

hamster = *Hamster*
handbag = *Handtasche*
to happen = *geschehen, passieren*
hard = *schwer, hart; heftig, mit aller Kraft* (Adjektiv und Adverb)
to hate = *hassen, gar nicht mögen*
headache = *Kopfschmerzen, Kopfweh*
to have a headache = *Kopfschmerzen haben*
to hear (heard; heard) = *hören*
hill = *Hügel, (kleiner) Berg*

6

history = *Geschichte*
a history lesson = *eine Geschichtsstunde*
to hit (hit; hit) = *treffen*
holiday(s) = *Ferien, Urlaub*
on holiday = *im Urlaub*
home:
to arrive home = *zu Hause ankommen*
they're back home again = *sie sind wieder zu Hause*
at home = *zu Hause*
to come home = *nach Hause kommen*
to go home = *nach Hause gehen*
to take home = *nach Hause mitnehmen*
to hope = *hoffen*
horse = *Pferd*
hospital = *Krankenhaus*
hotel = *Hotel*
housework = *Hausarbeit*
hurry = *Eile*
to be in a hurry = *in Eile sein, es eilig haben*
to hurry = *sich beeilen*
husband = *Ehemann*

ice-cream = *(Speise-)Eis*
idea = *Idee*
if = *wenn*
ill = *krank*
important (more important, (the) most important) = *wichtig*
in = *in*
in front of = *vor*
in the morning = *am Vormittag*
in the mornings = *vormittags*
in the country = *auf dem Land*
in a hurry = *in Eile*
to get back in again = *wieder hineinspringen*
to stay in bed = *im Bett bleiben*
in town = *in der Stadt*
in the evening = *abends*
in an hour = *in einer Stunde*
inside = *drinnen*
to look inside = *hineinsehen, hineinschauen*
interested = *interessiert*
they are more interested in = *sie sind interessierter an*
interesting = *interessant*
into:
to come into the room = *ins Zimmer kommen*
to go into the shop = *in den Laden gehen*
to invade = *einmarschieren*
to invite = *einladen*
he invited me over to him = *er lud mich zu sich ein*

jacket = *Jacke*
job = *Arbeit, Job, Beruf; Aufgabe*
to jump = *springen*
just = *nur; gerade*
Just a minute. = *Einen Augenblick!*

key = *Schlüssel*
to know (knew; known) = *wissen, kennen*

lake = *(ein) See*
lamp = *Lampe*
language = *Sprache*
last = *letzte (r,s)*
late = *spät*
Were you late? = *Bist du zu spät gekommen?*
to come late = *zu spät kommen*
to be late = *zu spät kommen*
later = *später*

to laugh = *lachen*
least:
at least = *mindestens*
to leave (left; left) = *verlassen; weggehen, wegfahren*
lemonade = *Limonade*
letter = *Brief*
to lie = *liegen*
to lie down = *sich hinlegen*
life = *Leben*
light = *Licht, Lampe; hell*
lightning = *Blitz*
like:
What was it like? = *Wie war es?*
to like = *mögen*
lion = *Löwe*
list = *Liste*
living-room = *Wohnzimmer*
to lock = *abschließen, zuschließen*
to look = *sehen, schauen; aussehen*
to look at = *anschauen*
to look for = *suchen*
to look inside = *hineinsehen*
to lose (lost; lost) = *verlieren*
loud = *laut*
love = *Liebe*
Love, ... = *Viele liebe Grüße von ...*
to love = *lieben, sehr mögen, sehr gern haben*
lovely = *schön, herrlich*
low = *niedrig, tief*
lucky:
you're lucky = you are lucky = *du hast / ihr habt / Sie haben Glück*
lunch (lunches) = *Mittagessen*
lunch hour = *Mittagspause*
to have lunch = *(zu) Mittag essen*

machine = *Maschine*
washing machine = *Waschmaschine*
to make (made; made) = *machen, tun*
to make money = *Geld verdienen*
they make their living = *sie verdienen sich ihren Lebensunterhalt*
map = *Landkarte, Stadtplan*
market = *Markt*
marmalade = *Marmelade*
match = *Spiel, Wettkampf*
meal = *Mahl(zeit), Essen*
meat = *Fleisch*
meat pie = *Fleischpastete*
medicine = *Medizin, Arznei*
to meet (met; met) = *treffen, (sich) kennen lernen*
menu = *Speisekarte*
mess = *Unordnung, Durcheinander*
mile = *Meile*
to miss = *auslassen*
modern = *modern*
moment:
at the moment = *im Augenblick*
monkey = *Affe*
month = *Monat*
more = *mehr*
mountain = *Berg*
to move = *(sich) bewegen, umziehen*
music = *Musik*

neck = *Hals, Nacken*
to need = *brauchen, benötigen*
nervous = *nervös, ängstlich, aufgeregt*
news = *Nachricht(en), Neuigkeit(en)*

nobody = *niemand*
noisy = *laut, lärmend*
north = *(nach) Norden; nördlich; Nord-*
the North Sea = *die Nordsee*
nothing = *nichts*
nowhere = *nirgendwo, nirgendwohin*

of = *von*
in front of = *vor*
the rest of the family = *der Rest der Familie*
a bottle of lemonade = *eine Flasche Limonade*
a lot of people = *viele Leute*
a lot of time = *viel Zeit*
most of the time = *die meiste Zeit*
a plate of his favourite food = *ein Teller seines Lieblingsessens*
of course = *natürlich*
off:
they helped her off = *sie halfen ihr herunter*
to fall off = *herunterfallen*
to get off the train = *aus dem Zug aussteigen*
to go off = *weggehen, wegfahren*
to be off = *wegsein*
to offer = *anbieten*
office = *Büro*
post office = *Post(amt)*
often = *oft*
oh = *Oh; Null*
oil = *Öl*
omelette = *Omelett*
on = *auf, an*
on holiday = *im Urlaub*
on Monday = *am Montag*
on Mondays = *montags*
on the telly = *im Fernsehen*
to put on = *(Kleidung) anziehen*
on TV = *im Fernsehen*
on time = *pünktlich*
on the right = *rechts, auf der rechten Seite*
on the left = *links, auf der linken Seite*
on the plane = *im Flugzeug*
only = *nur*
the only = *der / die / das einzige, die einzigen*
onto = *auf ... (hinauf)*
to open = *öffnen*
opposite = *Gegensatz*
orange = *Apfelsine, Orange*
(the) other = *(der / die / das) andere*
the other one (= CD) = *die andere*
out = *draußen*
to go out = *ausgehen, weggehen*
to get out of the car = *aus dem Auto aussteigen*
to come out of the shop = *aus dem Laden herauskommen*
to come out = *herauskommen*
outside = *draußen*
over = *über*
to ride over fields = *über Felder fahren*
all over the floor = *überall auf dem Boden*
to have friends over = *Freunde zu sich einladen*
over there = *dort drüben, da drüben*
to invite over = *zu sich einladen*
own = *eigene(r,s)*

to pack = *(ein)packen*
to paint = *(an)streichen; malen*
paper = newspaper = *Zeitung*
part = *Gegend; Teil*
partner = *Partner*
party = *Party, Feier*
to have a party = *feiern*
a costume party = *ein Kostümfest*

to pay (paid; paid) = *bezahlen*
peas = *Erbsen*
pen = *Füller, Stift*
people = *Leute, Menschen*
the American people = *die Amerikaner*
perfect = *perfekt*
perhaps = *vielleicht*
person = *Person, Mensch*
pet = *Haustier*
to phone = *anrufen*
photo = *Foto*
picnic = *Picknick*
picture = *Bild; Aufnahme, Foto*
pig = *Schwein*
pity = *schade*
what a pity = *wie schade*
pizza = *Pizza*
place = *Ort, Platz, Stelle; Gegend*
plane = *Flugzeug*
plane tickets = *Flugtickets*
plate = *Teller*
player = *Spieler, Spielerin*
police = *Polizei*
police station = *Polizeirevier, Polizeiwache*
police car = *Polizeiwagen*
policeman = *Polizist*
to polish = *polieren*
poor = *arm*
post:
post office = *Post(amt)*
postcard = *Postkarte*
potato = *Kartoffel*
potato salad = *Kartoffelsalat*
to practise = *üben, trainieren*
present = *Geschenk*
price = *(Kauf-)Preis*
prize = *Preis, Gewinn*
probably = *wahrscheinlich*
problem = *Problem*
product = *Produkt*
to pronounce = *aussprechen*
pudding = *Pudding; Nachspeise*
pullover = *Pulli*
to put (put; put) = *stellen, legen, setzen, (wohin) tun*
to put on = *(Kleidung) anziehen*
to put up a tent = *ein Zelt aufschlagen*

question = *Frage*
quick = *schnell*
quiet = *ruhig, still, leise*
quite = *ziemlich; ganz*

rabbit = *Kaninchen*
race = *Rennen, (Wett-)lauf*
radio = *Radio*
to rain = *regnen*
raincoat = *Regenmantel*
rainy = *regnerisch*
rather = *ziemlich*
to react (reacts) = *reagieren*
to read (read; read) = *lesen*
ready = *fertig*
really = *wirklich*
regular = *regelmäßig*
to remember = *sich erinnern*
to repair = *reparieren*
rest = *Rest*
restaurant = *Restaurant, Gaststätte*
to return = *zurückkommen, zurückgehen*
rich = *reich*
to ride (rode; ridden) = *reiten, (rad)fahren*
riding = *das Reiten*
right = *richtig; rechte(r,s)*
right in the centre = *direkt im Stadtzentrum, genau in der Stadtmitte*
on the right = *rechts, auf der rechten Seite*
right after they ... = *gleich, nachdem sie ...*

he was all right = *ihm ging es gut*
you're right = you are right = *du hast / ihr habt / Sie haben recht*
to ring (rang; rung) = *klingeln, läuten*
river = *Fluss*
road = *(Land-)straße*
on what side of the road = *auf welcher Straßenseite*
rock = *Fels(en)*
rocket = *Rakete*
roll = *Brötchen, Semmel*
round = *um ... (herum)*
all round it = *rund um ihn herum*
to come round the corner = *um die Ecke kommen*
to run (ran; run) = *laufen, rennen*

6

safe = *sicher, gefahrlos*
to sail = *segeln*
to go sailing = *segeln gehen*
salad = *(angemachter) Salat*
sale = *(Aus-)Verkauf*
salt = *Salz*
sandwich (sandwiches) = *belegtes Butterbrot*
sandy = *sandig*
saucer = *Untertasse*
sausage = *Wurst, Würstchen*
to say (said; said) = *sagen*
sea = *Meer, (die) See*
seaside:
at the seaside = *am Meer*
secretary = *Sekretär, Sekretärin*
to see (saw; seen) = *sehen*
to see a doctor = *einen Arzt aufsuchen*
Come and see me. = *Komme / Kommt / Kommen Sie mich besuchen!*
to send (sent; sent) = *schicken, senden*
sheep = *Schaf*
to shine = *scheinen (Sonne)*
shopping:
Aunt Mary is doing her shopping. = *Tante Mary macht gerade ihre Einkäufe. / ... kauft gerade ein.*
to go shopping = *einkaufen gehen*
shopping centre = *Einkaufszentrum*
shorts = *Shorts, kurze Hose(n)*
shot = *Schuss*
to shout = *schreien, (laut)rufen*
to show = *zeigen*
side = *Seite*
on what side of the road = *auf welcher Straßenseite*
sight = *Sehenswürdigkeit*
sight-seeing:
a sight-seeing tour = *eine Rundreise oder eine Stadtrundfahrt*
to sing (sang; sung) = *singen*
to sit (sat; sat) = *sitzen*
site = *Lage, (Bau-)Platz*
to sleep (slept; slept) = *schlafen*
slow = *langsam*
to smoke = *rauchen*
snowy = *schneereich*
so = *so*
so that = *so dass*
sock = *Socke, Strumpf*
to sound = *klingen, sich anhören*
that sounds great = *das hört sich toll an*
soup = *Suppe*
spaghetti = *Spaghetti*
to speak (spoke; spoken) = *sprechen*
special:
anything special = *irgend etwas Besonderes*
sport = *Sport, Sportart*
spring = *Frühling, Frühjahr*
stamp = *(Brief-)marke*

to stand (stood; stood) = *stehen*
to start = *anfangen, beginnen; starten*
station = *Bahnhof*
to stay = *bleiben*
to stay up = *aufbleiben*
to steal (stole; stolen) = *stehlen*
stepladder = *Trittleiter*
still = *noch*
stomach = *Magen, Bauch*
a stomach ache = *Magenschmerzen, Bauchschmerzen*
stone = *Stein*
stormy = *stürmisch*
student = *Student, Studentin*
to strike = *schlagen*
suddenly = *plötzlich*
sunny = *sonnig*
supermarket = *Supermarkt*
sure = *sicher*
I'm sure = *ich bin mir sicher*
to surf (surfing) = *surfen*
to go surfing = *surfen gehen*
surgery = *Arztpraxis*
sweet = *süß*
sweets = *Süßigkeiten, Bonbons*
to swim (swam; swum) = *schwimmen*
to go swimming = *schwimmen gehen*

to take (took; taken) = *(mit)nehmen*
it takes longer = *man braucht länger*
to take home = *nach Hause mitnehmen*
to take down = *fällen*
talk = *Gespräch, Unterhaltung*
to talk = *sprechen, reden*
to talk about = *sprechen über / von*
to talk to = *sprechen / reden mit*
to begin talking = *anfangen zu sprechen, beginnen zu reden*
tall = *groß (bei Menschen)*
tea = *Tee; Abendbrot*
to teach = *unterrichten, lehren, beibringen*
team = *Mannschaft, Team*
on the school team = *in der Schulmannschaft*
teapot = *Teekanne*
tea-time = *Teestunde*
to tell (told; told) = *erzählen, berichten; sagen*
to tell about = *erzählen von*
telly = *Fernsehen, Fernseher*
temperature = *Fieber, (erhöhte) Temperatur*
tent = *Zelt*
terrible = *schrecklich, furchtbar*
test = *Test, Klassenarbeit*
theatre = *Theater*
then = *dann*
there = *dort, dorthin*
over there = *dort drüben, da drüben*
to think (thought; thought) = *denken, meinen*
throat = *Hals (Kehle / Rachen)*
through = *durch*
to throw (threw; thrown) = *werfen*
to throw away = *wegwerfen*
ticket = *Eintrittskarte, Fahrkarte, Fahrschein*
plane tickets = *Flugtickets*
to tidy:
to tidy up = *aufräumen*
tie = *Krawatte, Schlips*
tiger = *Tiger*
tight = *eng(anliegend)*
till = *bis*
from 7 till 11p.m. = *von 7 bis 11 Uhr abends*

time = *(Uhr-)Zeit; Mal*
all the time = *die ganze Zeit*
most of the time = *die meiste Zeit*
What time is it? = *Wie spät ist es?*
to find time = *die Zeit finden*
on time = *pünktlich*
to have time = *Zeit haben*
for a long time to come = *lange*
at the time = *zu diesem Zeitpunkt*
for the hundredth time = *zum hundertsten Mal*
for the first time = *zum ersten Mal*
tired = *müde*
to = *zu, nach, in*
to go to bed = *ins Bett gehen*
to go to school = *zur Schule gehen*
a quarter to three = *viertel vor drei*
toast = *Toast*
together = *zusammen*
too = *auch*
too high = *zu hoch*
too many = *zu viele*
top:
on top of = *oben auf*
in top form = *topfit*
to touch = *berühren, anfassen*
tour:
a sight-seeing tour = *eine Rundreise oder eine Stadtrundfahrt*
tourist = *Tourist*
towards = *auf ... zu, in Richtung auf*
town = *Stadt*
in town = *in der Stadt*
toy = *Spielzeug*
track = *(Renn-)Bahn, Rennstrecke, Piste*
train = *(Eisenbahn-)Zug*
to catch a train = *einen Zug erreichen*
to go by train = *mit dem Zug fahren*
tree = *Baum*
trick = *Kunststück; Trick*
trip = *Reise, Ausflug*
trouble = *Schwierigkeiten*
trousers = *(lange) Hose(n)*
to try = *versuchen; probieren*
TV = television = *Fernsehen, Fernseher*
on TV = *im Fernsehen*
to watch TV = *fernsehen*
tyre = *Reifen*

to understand = *verstehen*
unhappy = *unglücklich, traurig*
unit = *Lektion, Einheit*
to unite = *(sich) zusammenschließen, (sich) vereinigen*
until = *bis*
up = *herauf, hinauf*
to get up = *aufstehen*
to dress up = *sich verkleiden*
to tidy up = *aufräumen*
to stay up = *aufbleiben*
to put up a tent = *ein Zelt aufschlagen*
to walk up the hill = *den Hügel hinaufgehen*
to use = *benutzen*
usually = *normalerweise, gewöhnlich*

vegetable = *Gemüse(sorte)*
vet = *Tierarzt, Tierärztin*
village = *Dorf*
virus = *Virus*
visit = *Besuch*
to visit = *besuchen*
visitor = *Besucher*

to wait = *warten*
to walk = *(zu Fuß) gehen, laufen*
to walk down the street = *die Straße hinuntergehen*

to walk up the hill = *den Hügel hinaufgehen*
to want = *wollen*
they wanted to (do) = *sie wollten (tun)*
warm = *warm*
to wash = *waschen*
watch = *(Armband-)Uhr*
to watch = *zuschauen, anschauen*
to watch TV = *fernsehen*
watch your pronunciation = *achte / achtet / achten Sie auf deine / eure / Ihre Aussprache!*
water = *Wasser*
way = *Weg*
on her way to Susan's = *unterwegs zu Susan*
weak = *schwach*
to wear (wore; worn) = *tragen (Kleidung), anhaben*
weather = *Wetter*
week = *Woche*
weekend = *Wochenende*
well = *also, nun; gesund, wohlauf*
what = *was; welche(r,s); was für ein(e) ...*
what a sweet face = *was für ein süßes Gesicht*
what a pity = *wie schade*
What time is it? = *Wie spät ist es?*
Who told you what colour our new car is? = *Wer hat Ihnen erzählt, welche Farbe unser neues Auto hat?*
What games can we play? = *Welche Spiele können wir spielen?*
What date is it today? = *Der wievielte ist heute?*
what about your mother? = *was ist mit deiner Mutter?*
wheel = *Rad (am Fahrrad / Auto)*
when = *als; wenn; wann*
where = *wo, wohin*
Where did it come from? = *Woher kam es? / Woher ist es gekommen?*
which = *welche(r,s)*
which of you = *welcher von euch*
while = *während*
wife = *(Ehe-)Frau*
wild = *wild; stürmisch*
to win (won; won) = *gewinnen*
window = *Fenster*
shop window = *Schaufenster*
to window-shop = *Schaufensterbummel machen*
windy = *windig*
with = *mit*
without = *ohne*
wolf = *Wolf*
woman = *Frau*
wonderful = *wunderbar*
wood = *Wald, Holz*
work = *Arbeit*
to leave for work = *zur Arbeit fahren / gehen*
to work = *arbeiten; funktionieren*
its bell doesn't work = *seine Klingel funktioniert nicht*
worried = *besorgt, beunruhigt*
to write (wrote; written) = *schreiben*
to write down = *aufschreiben*
wrong:
there's something wrong = *etwas stimmt nicht*

year = *Jahr*
yet:
... yet? = ... *schon?*
not ... yet = *noch nicht*
yoghurt = *Joghurt*
young = *jung*

zoo = *Zoo*

6

6

Englisch
7. Schuljahr

Nomen und Artikel

1. Die Pluralformen des Nomens

The plural forms of nouns

	Plural auf *-s*	
Singular	**Plural**	
hat bank hand tree project course	hats banks hands trees projects courses	Der Plural der Nomen wird in der Regel durch das Anhängen eines *-s* gebildet. **Aussprache:** – [z] nach stimmhaften Konsonanten (b, d, g, l, m, n, r, v) und nach Vokalen – [s] nach stimmlosen Konsonanten (p, t, k ...) – [iz] nach Zischlaut + stummem End *-e*
peach scarf knife city essay	peaches scarves knives cities essays	Das Plural-s wird bei manchen Substantiven ergänzt. Die Art der Ergänzung richtet sich nach dem vorangehenden Laut: – Bei Nomen, die mit einem Zischlaut enden, fügt man *-es* hinzu. Aussprache: [iz]. – Bei Nomen auf *-f* oder *-fe* bildet man den Plural mit *-ves*. – *-y* nach einem Konsonanten wird zu *-ies*; *-y* nach einem Vokal bleibt erhalten.

	Unregelmäßige Pluralformen	
Singular	**Plural**	
child fish sheep foot policeman woman mouse penny	children fish sheep feet policemen women mice pence	Bei einigen Nomen ist die Pluralbildung ganz unregelmäßig. Diese Formen werden beim jeweiligen Nomen im Lexikon angegeben.

Besonderheiten im Singular- und Pluralgebrauch

Singular/*Plural*	
The furniture is quite nice. *Die Möbel sind ganz nett.* You need some information about your new job. *Sie benötigen einige Informationen über Ihre neue Arbeit.*	Einige Substantive, die im Deutschen im Plural gebraucht werden, erscheinen im Englischen im Singular: z. B. *hair, news, furniture, homework, information.*
Plural/*Singular*	
His wages were good. *Sein Lohn war gut.* I live on the outskirts of the town. *Ich wohne am Rande der Stadt.* When were the Middle Ages? *Wann war das Mittelalter?*	Einige Substantive, die im Deutschen im Singular gebraucht werden, erscheinen im Englischen im Plural: z. B. *binoculars, jeans, pyjamas, trousers, shorts, clothes, stairs, wages, outskirts, police, the Middle Ages.*

7

2. Der Genitiv

The genitive

	Bildung	
Philip's brother the expert's report the men's pensions	*Philips Bruder* *der Bericht des Experten* *die Renten der Männer*	Der Genitiv wird mit **Apostroph + *-s*** gebildet, – wenn das Nomen im Singular steht und – bei unregelmäßigen Pluralformen.
the girls' names	*die Namen der Mädchen*	Bei Pluralformen auf *-s* steht nur der **Apostroph.**

	Gebrauch	
Tom's school the teachers' work	*Toms Schule* *die Arbeit der Lehrer*	Der **s-Genitiv** wird verwendet, um etwas einer oder mehreren **Personen** zuzuordnen.
the top of the bed the prices of the youth hostels	*der Kopf des Bettes* *die Preise der Jugendherbergen*	In Bezug auf **Sachen** gebraucht man den **Genitiv** mit **of.**

3. Der bestimmte Artikel und der unbestimmte Artikel

The definite and the undefinite article

Formen

the horse the uncle	*das Pferd* *der Onkel*	Der **bestimmte Artikel** hat immer die Form ***the***.
a house an architect	*ein Haus* *ein Architekt*	Der **unbestimmte Artikel** hat die Formen – ***a*** vor Konsonanten und – ***an*** vor Vokalen.

Gebrauch

There's the boy I was talking about.	*Da ist der Junge, von dem ich sprach.*	Der **bestimmte Artikel *the*** weist auf einzelne Personen oder Dinge hin. Er wird benutzt bei
The Browns live here.	*Die Familie Braun wohnt hier.*	– Familiennamen im Plural
That's the Thames.	*Das ist die Themse.*	– Flüssen und Meeren
I live in the north.	*Ich wohne im Norden.*	– Himmelsrichtungen
She swam across the Channel.	*Sie schwamm durch den Ärmelkanal.*	– Gattungsnamen, die als Eigennamen gebraucht werden
Go in the morning.	*Geh am Vormittag hin.*	– Tageszeiten mit *in* und *during*
I saw a car behind his house.	*Ich sah ein Auto hinter seinem Haus.*	Der **unbestimmte Artikel *a/an*** beschreibt nicht näher bestimmte Personen oder Dinge. Er wird gebraucht bei
I'm a teacher.	*Ich bin Lehrer.*	– Berufen
He's a Scot.	*Er ist Schotte.*	– Nationalitäten
She practises an hour a day.	*Sie übt eine Stunde am Tag.*	– Zeiteinheiten

7

Nomen ohne Artikel		
		Kein Artikel steht bei
Tom is my brother.	*Tom ist mein Bruder.*	– Eigennamen
He lives in London.	*Er lebt in London.*	– Städten
I live in Sweden.	*Ich lebe in Schweden.*	– Ländern
Where is Malta?	*Wo ist Malta?*	– Inseln
Snowdon is a mountain in Wales.	*Snowdon ist ein Berg in Wales.*	– englischen Bergen
It snows in winter.	*Es schneit im Winter.*	– Jahreszeiten
I'll come in April.	*Ich komme im April.*	– Monaten
He doesn't work on Sundays.	*Er arbeitet Sonntags nicht.*	– Wochentagen
She has dinner at noon.	*Sie isst um 12 zu Mittag.*	– Tageszeiten mit *at*
Is Easter in March?	*Ist Ostern im März?*	– Fest- und Feiertagen
Let's have breakfast.	*Lass uns frühstücken.*	– Mahlzeiten

Artikelgebrauch in Redewendungen		
I've got a headache.	*Ich habe Kopfschmerzen.*	Für Redewendungen gibt es keine Regeln.
She goes by train.	*Sie fährt mit dem Zug.*	
We were able to open the box with the help of a knife.	*Mit Hilfe eines Messers konnten wir die Schachtel öffnen.*	

4. Mengenangaben

Expressions of quantity

a box of bolts all of them	*eine Kiste Bolzen* *sie alle*	Substantive oder Pronomen, die eine Menge bezeichnen, werden mit *of* ergänzt.

7

Pronomen

1. Personalpronomen

Personal pronouns

Formen

Singular			
	1. Person	**2. Person**	**3. Person**
Subjektform	I	you	he/she/it
Objektform	me	you	him/her/it
Plural			
	1. Person	**2. Person**	**3. Person**
Subjektform	we	you	they
Objektform	us	you	them

Gebrauch

Tom and Jerry are my friends. They're in my class. Have you heard about Jane's cats?	*Tom und Jerry sind meine Freunde. Sie sind in meiner Klasse.* *Habt ihr von Janes Katzen gehört?*	Die Personalpronomen stehen stellvertretend für Nomen. Die **Subjektformen** werden als Subjekt des Satzes gebraucht.
Jim saw her. Sally told us about them.	*Jim sah sie.* *Sally erzählte uns von ihnen.*	Die **Objektformen** stehen als – Objekt des Satzes und – nach Präpositionen.

7

2. Possessivpronomen

Possessive pronouns

Formen

Singular			
	1. Person	**2. Person**	**3. Person**
vor dem Nomen	my house(s)	your ...	his/her/its ...
alleinstehend	mine	yours	his/hers/–
Plural			
	1. Person	**2. Person**	**3. Person**
vor dem Nomen	our house(s)	your ...	their ...
alleinstehend	ours	yours	theirs

Gebrauch

I like his guitar. Is that your comb? These are their children.	*Ich mag seine Gitarre.* *Ist das Ihr Kamm?* *Das sind ihre Kinder.*	Die Possessivpronomen geben an, (zu) wem etwas oder jemand gehört. In der Regel stehen sie **vor dem Nomen.**
I like his guitar, but hers sounds nicer. Is that your comb? It's not mine.	*Ich mag seine Gitarre, aber ihre klingt schöner.* *Ist das Ihr Kamm?* *Es ist nicht meiner!*	Steht das Possessivpronomen **allein** und bezieht sich auf ein **vorangehendes Nomen,** muss man besondere Formen benutzen.

7

3. Die *self*-Pronomen

The self-pronouns

Formen

	1. Person	2. Person	3. Person
Singular	myself	yourself	himself/herself/itself
Plural	ourselves	yourselves	themselves

verstärkender Gebrauch

I needed it myself. Did you call yourself, Tom? The film itself was good. Children, do it your-selves!	*Ich brauchte es selbst.* *Hast du selber ange-rufen, Tom?* *Der Film selbst war gut.* *Kinder, macht es alleine!*	Die Pronomen auf ***-self/-selves*** werden verwendet, um das Subjekt **hervorzuheben.** Im Deutschen steht „selbst“, „selber“ oder „alleine“.

reflexiver Gebrauch

I look after myself. You cut yourself. He thought of himself. She talks to herself. It helped itself. We invited ourselves. You enjoyed yourselves. They injured them-selves.	*Ich passe auf mich auf.* *Du hast dich ge-schnitten.* *Er dachte an sich.* *Sie redet mit sich.* *Es bediente sich.* *Wir luden uns selber ein.* *Ihr habt euch amüsiert.* *Sie verletzten sich.*	Das Reflexivpronomen auf ***-self/-selves*** wird verwendet um eine Handlung auf das Sub-jekt des Satzes **zurück-zubeziehen.** Im Deut-schen steht „mich“, „dich“, „sich“, ... (selbst).

7

Unterschiedlicher Gebrauch im Englischen und Deutschen

Nicht reflexiv	reflexiv	
We didn't move when we saw it. I wonder if you can help her. I can imagine how hard she has worked. She feels better now. I remember our last meeting. We met at the station.	*Wir bewegten uns nicht, als wir es sahen.* *Ich frage mich, ob du ihr helfen kannst.* *Ich kann mir vorstellen, wie hart sie gearbeitet hat.* *Sie fühlt sich jetzt besser.* *Ich erinnere mich an unser letztes Treffen.* *Wir trafen uns am Bahnhof.*	**Achtung:** Es gibt englische Verben, die im Gegensatz zum Deutschen nicht reflexiv gebraucht werden!

4. Die reziproken Pronomen *each other* und *one another*

The reciprocal pronouns 'each other' and 'one another'

They looked at each other. Can't you help each other? We aren't speaking to one another.	*Sie sahen sich an.* *Könnt ihr euch nicht gegenseitig helfen?* *Wir sprechen nicht miteinander.*	***Each other*** oder ***one another*** werden verwendet um auszudrücken, dass zwischen verschiedenen Personen eine **wechselseitige Beziehung** besteht. Im Deutschen steht „sich", „einander" oder „gegenseitig".
They looked at themselves. They looked at each other.	*Sie schauten sich an.* *(= jeder sich selbst, z. B. im Spiegel)* *Sie schauten sich an.* *(= gegenseitig, einer den anderen)*	**Achtung:** Im Plural können sowohl ***each other/one another*** als auch die reflexiv gebrauchten **self-Pronomen** mit „sich" übersetzt werden. Beachte den Bedeutungsunterschied!

7

5. Die indefiniten Pronomen *some* und *any* und ihre Zusammensetzungen

The indefinite pronouns 'some' and 'any' and their compounds

Gebrauch von *some* und *any*

Some und *any* stehen vor einem Nomen, wenn eine unbestimmte Menge oder Anzahl bezeichnet werden soll.

I've still got some bacon and some eggs left.	*Ich habe noch (etwas) Speck und (einige) Eier übrig.*	In **Aussagesätzen** wird das Wort ***some*** verwendet.
I don't want any carrots.	*Ich möchte keine Mohrrüben.*	In **verneinten Sätzen** wird ***any*** benutzt.
Did you buy any vegetables?	*Hast du Gemüse gekauft?*	Bei **Fragen** wird ebenfalls ***any*** verwendet.
Would you like some sweets? May I have some tea?	*Möchtest du Süßigkeiten?* *Kann ich etwas Tee bekommen?*	**Achtung:** Handelt es sich bei der Frage aber um ein **Angebot** oder eine **Bitte**, benutzt man ***some***.

7

Zusammensetzungen mit *some* und *any*

Die Zusammensetzungen mit ***some*** und ***any*** werden nach dem gleichen Muster gebraucht wie ihre Grundwörter.

Someone's coming.	*Jemand kommt.*	bejahter Aussagesatz
Don't go anywhere.	*Geh nirgendwohin.*	verneinter Aussagesatz
Did you see anyone?	*Hast du jemanden gesehen?*	normale Frage
Do you want something to eat?	*Wollt ihr etwas zu essen haben?*	Frage als Bitte oder Angebot

Adjektive und Adverbien

1. Adjektive

Adjectives

	Gebrauch	
He's a nice boy. Bob is popular. It's getting cool. You look funny. It sounds great.	*Er ist ein netter Junge.* *Bob ist beliebt.* *Es wird kalt.* *Du siehst lustig aus.* *Es klingt toll.*	Adjektive beschreiben ein **Nomen** näher und beantworten die Frage: Wie **ist** jemand oder etwas? Sie stehen – vor dem Nomen, – nach einer Form des Verbs *to be*, – nach *to become/ to get*, – nach einem Verb der Sinneswahrnehmung (*look, feel, taste, smell, sound, seem*), wenn **Eigenschaften** des **Subjekts** beschrieben werden sollen.
She looked sadly at him.	*Sie sah ihn traurig an.*	**Achtung:** Wenn jedoch das **Verb**, also eine Tätigkeit, näher beschrieben werden soll, steht das **Adverb!**

7

7

Grundform	1. Steigerungsform	2. Steigerungsform	
		Steigerung auf *-er/-est*	
cold *kalt*	colder *kälter*	(the) coldest *der/die/das kälteste .../ am kältesten*	Alle **einsilbigen** Adjektive und die **zweisilbigen auf -*y*** werden folgendermaßen gesteigert: 1. Steigerungsform: Grundwort + ***-er*** 2. Steigerungsform: Grundwort + ***-est***
late *spät*	later *später*	(the) latest *der/die/das späteste .../ zuletzt*	**Rechtschreibung:** – Das stumme End-*e* entfällt.
hot *heiss*	hotter *heisser*	(the) hottest *der/die/das heisseste .../ am heissesten*	– Nach kurzem Vokal wird der Endkonsonant verdoppelt.
busy *beschäftigt*	busier *beschäftigter*	(the) busiest *der/die/das beschäftigste .../am beschäftigsten*	– Bei **zweisilbigen** Adjektiven auf -*y* wird das -*y* zu -*i*;
gay *fröhlich*	gayer *fröhlicher*	(the) gayest *der/die/das fröhlichste .../am fröhlichsten*	– **einsilbige** Adjektive behalten dagegen das -*y*.

Grundform	1. Steigerungsform	2. Steigerungsform	
	Steigerung mit *more* und *most*		
active *aktiv*	more active *aktiver*	(the) most active *der/die/das aktivste.../ am aktivsten*	Mit ***more*** (1. Steigerungsform) und ***(the) most*** (2. Steigerungsform) werden gesteigert: – die meisten **zweisilbigen** Adjektive,
comfortable *bequem*	more comfortable *bequemer*	(the) most comfortable *der/die/das bequemste .../am bequemsten*	– alle Adjektive **mit mehr als zwei Silben.**

Unregelmäßige Steigerungsformen

Grundform	1. Steigerungsform	2. Steigerungsform	
good *gut*	better *besser*	(the) best *der/die/das beste .../ am besten*	Einige Adjektive haben unregelmäßige Steigerungsformen.
bad *schlecht*	worse *schlechter*	(the) worst *der/die/das schlechteste .../am schlechtesten*	
much/ many *viel/viele*	more *mehr*	(the) most *der/die/das meiste .../ am meisten*	

Gebrauch des Adjektivs in Vergleichssätzen

We were as interested as him.	*Wir waren (eben)so interessiert wie er.*	gleicher Grad: ***as*** + Grundform + ***as***
They were more tired than me.	*Sie waren müder als ich.*	höherer Grad: 1. Steigerungsform + ***than***
It was the best essay.	*Es war der beste Aufsatz.*	höchster Grad: 2. Steigerungsform

Das Stützwort *one/ones*

This tour is too long. Isn't there a shorter one? I liked your last idea but I didn't like the other ones.	*Diese Fahrt ist zu lang. Gibt es keine kürzere?* *Ich mochte deine letzte Idee, aber die anderen mochte ich nicht.*	Ein Adjektiv muss durch das Stützwort ***one*** (Singular) oder ***ones*** (Plural) ergänzt werden, wenn man ein zählbares Nomen nicht wiederholen will. Im Deutschen ist dagegen kein Stützwort nötig.

2. Adverbien der Art und Weise

Adverbs of manner

Gebrauch

It happened quickly. They worked well. She moved her leg slowly. She speaks English very well.	*Es passierte schnell.* *Sie arbeiteten gut.* *Sie bewegte ihr Bein langsam.* *Sie spricht sehr gut Englisch.*	Adverbien der Art und Weise beschreiben ein **Verb** näher und beantworten die Frage: Wie oder auf welche Weise **tut** jemand etwas? Sie stehen oft gleich nach dem Verb, jedoch im Gegensatz zum Deutschen **nie zwischen Verb und Objekt!**

Bildung

Adjektiv	Adverb		
brilliant loose powerful	brilliantly loosely powerfully	*glänzend* *locker* *mächtig*	Die englischen Adverbien werden nach folgendem Muster gebildet: **Adjektiv + -*ly* = Adverb.** Im Deutschen dagegen sind Adjektiv und Adverb formgleich.
happy shabby	happily shabbily	*glücklich* *schäbig*	**Rechtschreibung:** – Adjektive auf *-y*: Das *-y* wird zu *-i* vor der Endung *-ly*.
suitable terrible	suitably terribly	*passend* *fürchterlich*	– Adjektive auf *-le*: Steht vor der Endung *-le* ein Konsonant, wird *le* zu *-ly*.

7

Besondere Formen

Adjektiv	Adverb	
He's a fast runner. *Er ist ein schneller Läufer.* She's a hard worker. *Sie ist eine harte Arbeiterin.* The town is far from here. *Die Stadt ist weit von hier.*	He runs fast. *Er läuft schnell.* She works hard. *Sie arbeitet hart.* How far must you drive? *Wie weit muss man fahren?*	Einige Adjektive bleiben als Adverbien unverändert.
They're good players. *Sie sind gute Spieler.*	They play well. *Sie spielen gut.*	Das Adverb von *good* ist *well*.

Steigerung auf *-er/-est*

Adverb	1. Steigerungsform	2. Steigerungsform	
fast *schnell* hard *hart*	faster *schneller* harder *härter*	fastest *am schnellsten* hardest *am härtesten*	Für **einsilbige Adverbien** gilt: 1. Steigerungsform: Adverb + ***-er*** 2. Steigerungsform: Adverb + ***-est***

Steigerung mit *more* und *most*

Adverb	1. Steigerungsform	2. Steigerungsform	
safely *sicher* similarly *ähnlich*	more safely *sicherer* more similarly *ähnlicher*	most safely *am sichersten* most similarly *am ähnlichsten*	Für **Adverbien auf *-ly*** (also zwei- und mehrsilbige Adverbien) gilt: 1. Steigerungsform: ***more*** + Adverb 2. Steigerungsform: ***most*** + Adverb

7

	Unregelmäßige Steigerungsformen		
well *gut* badly *schlecht* far *weit*	better *besser* worse *schlechter* farther *weiter*	best *am besten* worst *am schlechtesten* farthest *am weitesten*	Einige Adverbien haben unregelmäßige Steigerungsformen.

Gebrauch des Adverbs in Vergleichssätzen		
I'm getting ready as quickly as I can.	*Ich mache mich so schnell fertig, wie ich kann.*	gleicher Grad: ***as*** + Grundform des Adverbs + ***as***
He drives more carefully than her.	*Er fährt vorsichtiger als sie.*	höherer Grad: 1. Steigerungsform + ***than***
She danced best of all the girls.	*Sie tanzte am besten von allen Mädchen.*	höchster Grad: 2. Steigerungsform + ***of***

7

Die Zeiten

1. *Present tense*

a) *simple present*

	Bildung
We earn enough. *Wir verdienen genug.*	Das *simple present* der Verben hat die gleiche Form wie der Infinitiv ohne *to*; die einzige Ausnahme ist die 3. Person Singular.
She keeps it here. *Sie bewahrt es hier auf.* It often rains in Scotland. *Es regnet oft in Schottland.* She plays in two bands. *Sie spielt in zwei Gruppen.* She thinks of everything. *Sie denkt an alles.* He promises he'll come. *Er verspricht zu kommen.*	In der 3. Person Singular (*he/she/it*) wird an den Infinitiv noch ein *-s* gehängt. **Aussprache:** – [z] nach stimmhaften Konsonanten (b, d, g, l, m, n, r, v) und nach Vokalen – [s] nach stimmlosen Konsonanten (p, t, k...) – [iz] nach Zischlaut + stummem End-*e*
He fixes bikes. *Er repariert Fahrräder.* He carries the rucksack. *Er trägt den Rucksack.* She enjoys the meal. *Sie genießt das Essen.*	**Besonderheiten:** – Bei Verben, die mit einem Zischlaut enden, fügt man *-es* hinzu. Aussprache: [iz] – *-y* nach einem Konsonanten wird zu *-ies* – *-y* nach einem Vokal bleibt erhalten
He doesn't like her. *Er mag sie nicht.*	**Bildung von verneinten Sätzen** *do/does* + *not* + Verb Kurzform: *doesn't* + Verb
Do you play tennis? *Spielst du Tennis?*	**Bildung von Fragesätzen** *do/does* + Subjekt + Verb Kurzform: –

Die Regeln zur Aussprache der Endung -s bei der 3. Person Singular der Verben entsprechen denen zum Plural -s bei den Nomen (vgl. S. 64).

7

Gebrauch	
Her son comes round every day. *Ihr Sohn schaut jeden Tag vorbei.* They often ring up in the morning. *Sie rufen oft morgens an.* First she drinks her tea and then she gets ready. *Zuerst trinkt sie ihren Tee und dann macht sie sich fertig.*	Das *simple present* bezeichnet – **gewohnheitsmäßige Handlungen, Signalwörter:** *every day, always, often, sometimes, usually, never, on Friday(s), in the morning(s)...* – **aufeinander folgende Handlungen**
Do you see my trousers anywhere? *Siehst du irgendwo meine Hose?* I like him very much. *Ich mag ihn sehr gern.* We want to play now. *Wir möchten jetzt spielen.* I know what you mean. *Ich weiß, was du meinst.*	Einige Verben erscheinen in der Regel **nur in der *simple form***: – Verben der Sinneswahrnehmung: *to hear, to see, to notice ...* – Verben, die Gefühle oder Wünsche ausdrücken: *to like, to love, to hate, to want, to wish ...* – Verben des Wissens und Meinens: *to know, to mean, to think ...*

b) *present progressive*

Bildung

Oh no, we're getting wet! *Oh nein, wir werden nass!* She's combing her hair. *Sie kämmt ihre Haare.*	Das *present progressive* wird gebildet aus einer Form von ***to be* + Partizip Präsens** (*am/are/is* + Infinitiv mit *-ing*-Endung) Kurzform: *'m / 're / 's* + Infinitiv mit *-ing*-Endung
They are dining now. (to dine) *Sie speisen gerade.* He's lying in the sun. (to lie) *Er liegt in der Sonne.* She's sitting on the chair. (to sit) *Sie sitzt auf dem Stuhl.*	**Rechtschreibung:** – Das stumme End-*e* entfällt – *-ie* wird zu *-y* – nach kurzem, betonten Vokal wird der Endkonsonant verdoppelt.
She is not listening. *Sie hört nicht zu.* He isn't pointing to me. *Er zeigt nicht auf mich.*	**Bildung von verneinten Sätzen:** *am/are/is* + *not* + Partizip Präsens Kurzform: *'m / 're* + *not* + Partizip Präsens *'sn't* + Partizip Präsens
Is he pointing to me? *Zeigt er auf mich?*	**Bildung von Fragesätzen:** *am/are/is* + Subjekt + Partizip Präsens Kurzform: –

Gebrauch

What are you doing at the moment? *Was tust du im Moment?* I'm fixing my bike now. *Ich repariere jetzt mein Fahrrad.*	Das *present progressive* beschreibt das, was man im Augenblick gerade tut. **Signalwörter:** *now, today, at the moment ...*

2. *Past tense*

a) *simple past*

Bildung	
We guessed the name. *Wir rieten den Namen.* It rained a lot. *Es regnete viel.* They closed the shop at 5. (to close) *Sie schlossen den Laden um 5.* I tried it. (to try) *Ich probierte es.* He stopped at the corner. (to stop) *Er hielt an der Ecke.*	Das *simple past* der regelmäßigen Verben wird gebildet aus dem **Infinitiv des Verbs + *-ed*.** Diese Bildung gilt für alle Personen. **Rechtschreibung:** – Das stumme End-*e* entfällt. – *-y* nach einem Konsonanten wird zu *-ied*. – Nach einem kurzen Vokal wird der Endkonsonant vor der Endung *-ed* verdoppelt.
He did not go. *Er ging nicht.* We didn't play. *Wir spielten nicht.* I was not here. *Ich war nicht hier.* You weren't there. *Du warst nicht da.*	**Bildung von verneinten Sätzen:** *did* + *not* + Infinitiv Kurzform: *didn't* + Infinitiv **Ausnahme:** Nur die Verneinung des Verbs *to be* wird nicht mit *to do* umschrieben: *I/he/she/it* ***was*** + ***not*** Kurzform: wasn't *we/you/they* ***were*** + ***not*** Kurzform: weren't
Did you go to the cinema last night? *Warst du gestern abend im Kino?*	**Bildung von Fragesätzen:** *did* + Subjekt + Infinitiv

Zu Besonderheiten in der Aussprache der *simple past*-Formen s. S. 63.

7

Unregelmäßige *simple past*-Formen

They had dinner in a pub. (to have) *Sie aßen in einem Lokal zu Mittag.* Who built it? (to build) *Wer baute es?*	Unregelmäßige Verben haben eine eigene *simple past*-Form. Die unregelmäßige Form ist für alle Personen gleich. **Ausnahme:** Nur *to be* hat zwei *simple past*-Formen:
He was early. *Er war zu früh dran.*	– *I/he/she/it* ***was***
They were late. *Sie waren zu spät dran.*	– *we/you/they* ***were***

Gebrauch

	Das *simple past* bezeichnet
I forgot to call yesterday. *Ich vergaß gestern anzurufen.* He died last year. *Er starb letztes Jahr.*	– **einmalige Handlungen** in der Vergangenheit **Signalwörter:** *yesterday, last year/month, three weeks/ months ago*
First she bought a ticket and then she got on. *Zuerst kaufte sie eine Karte und dann stieg sie ein.*	– **aufeinander folgende Handlungen** in der Vergangenheit
They often went to the zoo. *Sie gingen oft in den Zoo.*	– **wiederholte, abgeschlossene Handlungen** in der Vergangenheit

7

b) *past progressive*

Bildung

She was writing in it. *Sie schrieb gerade darin.* We were getting it. *Wir holten es gerade.*	Das *past progressive* wird gebildet mit einer ***simple past*-Form von *to be* + Partizip Präsens** (Partizip Präsens = Infinitiv + -ing) *I/he/she/it was* + Partizip Präsens *we/you/they were* + Partizip Präsens

Gebrauch

	Das *past progressive* benutzt man
While I was changing, he arrived. *Während ich mich umzog, kam er an.*	– für eine Handlung, die noch nicht abgeschlossen ist, wenn eine neue Handlung einsetzt
She was cooking when he called. *Sie kochte gerade, als er anrief.* While we were working, they were playing. *Während wir arbeiteten, spielten sie.*	– für Handlungen, die gleichzeitig ablaufen
When she left, it was snowing outside and people were wearing warm coats. *Als sie wegging, schneite es draußen und die Leute trugen warme Mäntel.*	– für **Beschreibungen** in Erzählungen

7

3. *Present perfect*

a) *present perfect simple*

Bildung

I've enjoyed it. *Ich habe es genossen.* We've been here. *Wir sind hier gewesen.* She's stopped. *Sie hat aufgehört.*	Das *present perfect simple* wird gebildet aus ***have/has* + Partizip Perfekt** (Partizip Perfekt = Infinitiv + *-ed* oder eine unregelmäßige Form). Kurzform: *'ve/'s* + Partizip Perfekt
You haven't tried! *Du hast es nicht versucht!* He hasn't left. *Er ist nicht weggefahren.*	**Bildung von verneinten Sätzen:** *have/has* + *not* + Partizip Perfekt Kurzform: *haven't/hasn't* + Partizip Perfekt
Have they gone? *Sind sie gegangen?* Hasn't he done it? *Hat er es nicht getan?*	**Bildung von Fragesätzen:** *have/has* + Subjekt + Partizip Perfekt Kurzform: *haven't/hasn't* + Subjekt + Partizip Perfekt

Gebrauch

I haven't agreed to go yet. *Ich habe noch nicht beschlossen zu gehen.* She hasn't always known. *Sie hat es nicht immer gewusst.*	Das *present perfect simple* wird verwendet für Handlungen der Vergangenheit, deren Wirkung bis in die Gegenwart reicht. **Signalwörter:** *yet, just, never, ever, always ...*

7

b) *present perfect progressive*

Bildung

I've been working since 9 and now I'm really tired. *Ich arbeite seit 9 und nun bin ich richtig müde.*	Das *present perfect progressive* wird gebildet aus ***have/has* + *been* + Partizip Präsens** (Partizip Präsens = Infinitiv + *-ing*-Endung)
He's been working since 9, but she hasn't been helping. *Er arbeitet schon seit 9, aber sie hilft nicht mit.*	**Bildung von verneinten Sätzen:** *have/has* + *not* + *been* + Partizip Präsens Kurzform: *haven't/hasn't* + *been* + Partizip Präsens
Have you been listening? *Hörst du zu?*	**Bildung von Fragesätzen:** Kurzform: *have/has* + Subjekt + *been* + Partizip Präsens

Gebrauch

I've been waiting here for an hour. *Ich warte hier seit einer Stunde.* It's been raining since 9 o'clock. *Es regnet seit 9 Uhr.*	Das *present perfect progressive* bezeichnet Tätigkeiten oder Vorgänge, die in der Vergangenheit angefangen haben und noch nicht beendet sind.

c) die Präpositionen *for* und *since*

He's been playing rugby for 3 years. *Er spielt seit 3 Jahren Rugby.* The sun has been shining since this morning. *Die Sonne scheint seit heute Morgen.*	– ***For*** bezieht sich auf die **Zeitspanne**, in der die Tätigkeit oder der Vorgang andauert. – ***Since*** bezieht sich auf den **Zeitpunkt**, an dem die Tätigkeit oder der Vorgang begann.
I've only been here for 5 minutes. *Ich bin erst seit 5 Minuten hier.* She's known him since primary school. *Sie kennt ihn seit der Grundschule.*	**Achtung:** Verben wie *to be, to know, to belong* und *to like* bezeichnen einen Zustand und werden daher auch in Sätzen mit *for* und *since* **nur in der *simple form*** verwendet.

d) *simple past* und *present perfect* im Vergleich

I interviewed him yesterday. *Ich befragte ihn gestern.* She came round on Friday. *Sie kam am Freitag vorbei.* When were you there? *Wann wart ihr da?* We visited Wales in 1995. *Wir besuchten Wales 1995.*	Das ***simple past*** bezeichnet Handlungen, die in der Vergangenheit abgeschlossen wurden. Oft wird eine Zeitangabe der Vergangenheit benutzt. **Signalwörter:** *yesterday, last week, a month ago, in 1990, on Sunday, when?...*
Look, I've just fixed it. *Schau, ich habe es gerade repariert.* You haven't ridden yet! – Come on! *Du bist noch nicht geritten. – Los, komm!*	Das ***present perfect*** bezeichnet ebenfalls Handlungen der Vergangenheit. Im Gegensatz zum *simple past* muss jedoch ein Bezug zur Gegenwart vorhanden sein! **Signalwörter:** *just, yet, never, ever, always ...*

7

4. *Past perfect*

Bildung

I'd already finished the work when she came to see me. *Ich hatte die Arbeit schon beendet, als sie mich besuchte.*	Das *past perfect* wird gebildet aus ***had* + Partizip Perfekt** (Partizip Perfekt = Infinitiv + -ed-Endung oder eine unregelmäßige Form). Kurzform: *'d* + Partizip Perfekt
I wanted to go, but she hadn't finished yet. *Ich wollte gehen, aber sie war noch nicht fertig.*	**Bildung von verneinten Sätzen:** *had* + *not* + Partizip Perfekt Kurzform: *hadn't* + Partizip Perfekt
Had they arrived in time? *Waren sie rechtzeitig angekommen?*	**Bildung von Fragesätzen:** *had* + Subjekt + Partizip Perfekt

Gebrauch

They'd left before we got up. *Sie waren weggegangen, bevor wir aufstanden.* When you came, he'd already opened it. *Als du kamst, hatte er es schon geöffnet.*	Das *past perfect* bezeichnet Handlungen, die zu einem bestimmten Zeitpunkt in der Vergangenheit bereits abgeschlossen waren.

5. *Will-future*

Bildung

They'll go. *Sie werden gehen.* It'll cost a lot. *Es wird viel kosten.*	Das *will-future* wird gebildet mit ***will* + Infinitiv** Kurzform: *'ll* + Infinitiv
You won't get wet. *Ihr werdet nicht nass werden.*	**Bildung von verneinten Sätzen:** *will* + *not* + Infinitiv Kurzform: *won't* + Subjekt + Infinitiv
Will I earn more? *Werde ich mehr verdienen?*	**Bildung von Fragesätzen:** *will* + Subjekt + Infinitiv

Gebrauch

I'm sure I'll do it one day. *Ich bin sicher, ich werde es eines Tages tun.* I imagine she'll be disappointed. *Ich denke, sie wird enttäuscht sein.* I hope they'll come. *Ich hoffe, sie kommen.* I'm afraid I'll have to go now. *Ich fürchte, ich muss jetzt gehen.* Wait! We'll help! *Warte! Wir werden helfen!*	Das *will-future* wird verwendet, um – **Vorhersagen** und **Vermutungen** über künftiges Geschehen zu machen **Signalwörter:** *to be sure, to imagine, to think, perhaps, probably ...* – **Hoffnungen** oder **Ängste** auszudrücken **Signalwörter:** *I hope, I'm afraid ...* – **spontane Entschlüsse** zu äußern
When she comes, he'll help her. *Wenn sie kommt, wird er ihr helfen.*	In ***when*-Sätzen** mit *present tense* im Nebensatz steht *will-future* im Hauptsatz.
You'll be sorry if you eat that. *Es wird dir Leid tun, wenn du das isst.*	In **realen Bedingungssätzen** (if-Sätzen) mit *present tense* im Nebensatz (erfüllbare Bedingung) steht meistens das *will-future* im Hauptsatz.

7

6. *Going to-future*

Bildung

I'm going to write her a letter soon. *Ich habe vor, ihr bald einen Brief zu schreiben.*	Das *going to-future* wird gebildet aus einer Form von ***to be + going to*** **+ Infinitiv** (*am/are/is* + *going to* + Infinitiv) Kurzform: *'m / 're / 's* + *going to* + Infinitiv
He isn't going to watch the cricket match on TV. *Er beabsichtigt nicht, das Kricketspiel im Fernsehen anzusehen.*	**Bildung von verneinten Sätzen:** *am/are/is* + *not* + *going to* + Infinitiv Kurzform: *'m not/ 're not/ 'sn't* + *going to* + Infinitiv
Are you going to play chess with her? *Wirst du Schach mit ihr spielen?*	**Bildung von Fragesätzen:** *am/are/is* + Subjekt + *going to* + Infinitiv

Gebrauch

She's going to go to the cinema tonight. *Sie will heute Abend ins Kino gehen.*	Das *going to-future* beschreibt das, was jemand vorhat oder zu tun beabsichtigt.

7

7. *Present progressive* mit futurischer Bedeutung

What are you doing this afternoon? *Was machst du heute Nachmittag?* We're playing tennis. *Wir spielen Tennis.* Tomorrow we're going to the cinema. *Morgen gehen wir ins Kino.*	Das *present progressive* wird auch zur Beschreibung von künftigen Ereignissen verwendet, wenn etwas in der näheren Zukunft fest geplant ist. **Signalwörter:** *this evening, on Saturday, tomorrow, next week ...*

Modale Hilfsverben

1. Modale Hilfsverben mit Ersatzformen

Modal auxiliaries with substitutes

a) *Can, could* und die Ersatzform *to be able to*

	Formen	
Present tense You can sing well. She's able to swim now. I can't come. They aren't able to play well yet.	*Du kannst gut singen.* *Sie kann jetzt schwimmen.* *Ich kann nicht kommen.* *Sie können noch nicht gut spielen.*	Im *present tense* gibt es **zwei Formen** für „können": ***can*** und ***am/are/is + able to.*** **Verneinung:** *cannot* (Kurzform: *can't*) und *am/are/is + not + able to.*
Past tense We could buy it. He was able to see it. I couldn't bear it. They weren't able to get it.	*Wir konnten es kaufen.* *Er konnte es sehen.* *Ich konnte es nicht ertragen.* *Sie konnten es nicht bekommen.*	Im *past tense* stehen ebenfalls **zwei Formen** für „können" zur Verfügung: ***could*** und ***was/were + able to.*** **Verneinung:** *could + not* (Kurzform: *couldn't*) und *was/were + not + able to*
Present perfect We've often been able to go to the zoo. She hasn't been able to find time yet.	*Wir haben oft zum Zoo gehen können.* *Sie hat noch keine Zeit finden können.*	Im *present perfect* gibt es nur **eine Form:** ***have/has + been + able to.*** **Verneinung:** *have/has not* (Kurzform: *haven't/hasn't*) *+ been + able to*

7

Will-future He'll be able to find it.	*Er wird es finden können.*	Auch im *will-future* gibt es nur **eine Form** für „können“: ***will + be + able to*** **Verneinung:** *will not* (Kurzform: *won't*) + *be* + *able to*
They won't be able to slow down.	*Sie werden nicht langsamer werden können.*	

	Gebrauch	
I can try it. They could sell it. She has often been able to help him. You'll be able to manage it!	*Ich kann es versuchen. Sie konnten es verkaufen. Sie hat ihm schon oft helfen können. Du wirst das schon hinkriegen.*	***Can, could*** und ihre Ersatzform ***to be able to*** verwendet man, um eine **Fähigkeit** auszudrücken (im Deutschen: „können“, „fähig sein zu“).
He can't find her. We couldn't understand the text. I haven't been able to find time yet. He won't be able to buy it.	*Er kann sie nicht finden. Wir konnten den Text nicht verstehen. Ich habe noch keine Zeit finden können. Er wird es nicht kaufen können.*	Die **verneinten** Formen *cannot (can't), could not (couldn't)* und *not to be able to* gebraucht man, um eine **Unfähigkeit** zu bezeichnen (im Deutschen: „nicht können“, „nicht fähig sein zu“).

b) *May* und die Ersatzform *to be allowed to*

	Formen	
Present tense She may stay. You're allowed to do that. He may not walk. We aren't allowed to smoke here.	*Sie darf bleiben.* *Ihr dürft das tun.* *Er darf nicht laufen.* *Wir dürfen hier nicht rauchen.*	Im *present tense* gibt es **zwei Möglichkeiten,** das deutsche „dürfen" auszudrücken: ***may*** und ***am/are/is + allowed to.*** **Verneinung:** *may not* und *am/are/is + not allowed to*
Past tense She was allowed to travel alone. They were allowed to go. I wasn't allowed to have it.	*Sie durfte alleine reisen.* *Sie durften gehen.* *Ich durfte es nicht haben.*	Im *past tense* gibt es nur **eine Form** für „dürfen": ***was/were + allowed to*** **Verneinung:** *was/were + not + allowed to*
Present perfect I've been allowed to watch the film. He's never been allowed to ride.	*Ich habe den Film sehen dürfen.* *Er hat nie reiten dürfen.*	Auch im *present perfect* steht nur **eine Form** zur Verfügung: ***have/has + been + allowed to*** **Verneinung:** *have/has + not + been + allowed to*
Will-future I'll be allowed to go to the party. Tom will be allowed to see it. You won't be allowed to talk.	*Ich werde zu der Party gehen dürfen.* *Tom wird es sehen dürfen.* *Sie werden nicht reden dürfen.*	Im *will-future* gibt es ebenfalls nur **eine Form** für „dürfen": ***will + be + allowed to*** **Verneinung:** *will not (won't) + be + allowed to*

7

	Gebrauch	
She may stay. You were allowed to do that. She's always been allowed to ride. I'll be allowed to go to New York. I can go out. Do you think I might smoke?	*Sie darf bleiben.* *Ihr durftet das tun.* *Sie hat immer reiten dürfen.* *Ich werde nach New York gehen dürfen.* *Ich darf weggehen.* *Dürfte ich wohl rauchen?*	***May*** und seine Ersatzform ***to be allowed to*** werden verwendet, um eine **Erlaubnis** auszudrücken (im Deutschen: „dürfen"). **Alternativen:** – Im *present tense* kann auch ***can*** die Bedeutung von „dürfen" haben. – In sehr höflichen Bitten wird ***might*** gebraucht.
He may not walk. We weren't allowed to smoke there. I've never been allowed to drive my father's car. You'll have to take the bus. I mustn't move.	*Er darf nicht laufen.* *Wir durften dort nicht rauchen.* *Ich habe noch nie das Auto meines Vaters fahren dürfen.* *Ihr werdet den Bus nehmen müssen.* *Ich darf mich nicht bewegen.*	Die **verneinten Formen** ***may not*** oder ***am/are/is + not + allowed to*** gebraucht man, um ein **Verbot** auszusprechen. **Alternative:** Im *present tense* wird häufig ***must not*** verwendet, um ein Verbot auszudrücken.

c) *Must, need not* und die Ersatzform *to have to*

	Formen	
Present tense I must choose one. She has to get up.	*Ich muss eins wählen.* *Sie muss aufstehen.*	Das *present tense* hat **zwei Formen** für das deutsche „müssen“: ***must*** oder ***have/has to.***
We needn't hurry. I don't have to go. You mustn't think of it.	*Wir müssen uns nicht beeilen.* *Ich muss nicht gehen.* *Du darfst nicht daran denken.*	**Verneinung:** *need not* (Kurzform: *needn't*) oder *do/does + not + have to.* **Achtung:** Verwechslungsgefahr! *mustn't* = nicht dürfen
Past tense He had to turn left.	*Er musste links abbiegen.*	Im *past tense* gibt es nur **eine Form** für „müssen“: ***had to***
We didn't have to use it.	*Wir mussten es nicht benutzen.*	**Verneinung:** *did + not + have to*
Present perfect He's just had to leave.	*Er hat gerade abfahren müssen.*	Im *present perfect* steht ebenfalls nur **eine Form** zur Verfügung: ***have/has + had to***
They haven't had to pay before.	*Sie haben nicht vorher zahlen müssen.*	**Verneinung:** *have/has + not + had to*
Will-future It'll have to wait till tomorrow.	*Es wird bis morgen warten müssen.*	Auch im *will-future* gibt es nur **eine Form:** ***will + have to***
They won't have to worry.	*Sie werden sich nicht sorgen müssen.*	**Verneinung:** *will not* (Kurzform: *won't*) + *have to*

7

	Gebrauch	
I must stay at home. He had to go away. Sheila has had to hurry. You'll have to pay it.	*Ich muss zu Hause bleiben.* *Er musste weggehen.* *Sheila hat sich beeilen müssen.* *Du wirst es bezahlen müssen.*	***Must*** und ***to have to*** werden verwendet, um eine **Notwendigkeit** auszudrücken (im Deutschen: „müssen").
You needn't buy it. We didn't have to call him. I haven't had to go to the new doctor yet. They won't have to worry.	*Du musst es nicht kaufen.* *Wir mussten ihn nicht rufen.* *Ich habe noch nicht zu dem neuen Arzt gehen müssen.* *Sie werden sich nicht sorgen müssen.*	***Need not*** und ***not to have to*** werden gebraucht, um auszusagen, dass **keine Notwendigkeit** besteht (im Deutschen: „nicht müssen", „nicht brauchen").

7

Übersicht

	„können", „fähig sein zu"	
Zeiten	**bejahter Satz**	**verneinter Satz**
present tense Ersatzform	can am/are/is able to	cannot (can't) am not/aren't/ isn't able to
past tense Ersatzform	could was/were able to	could not wasn't/weren't able to
present perfect Ersatzform	– have/has been able to	– haven't/ hasn't been able to
future tense Ersatzform	– will be able to	– won't be able to

	„dürfen“	
Zeiten	**bejahter Satz**	**verneinter Satz**
present tense Ersatzform	may/can/might am/are/is allowed to	may not/must not am not/aren't/ isn't allowed to
past tense Ersatzform	– was/were allowed to	– wasn't/ weren't allowed to
present perfect Ersatzform	– have/ has been allowed to	– haven't/ hasn't been allowed to
future tense Ersatzform	– will be allowed to	– won't be allowed to

	„müssen“	
Zeiten	**bejahter Satz**	**verneinter Satz**
present tense Ersatzform	must have/has to	need not haven't/hasn't to
past tense Ersatzform	– had to	– didn't have to
present perfect Ersatzform	– have/has had to	– haven't/hasn't had to
future tense Ersatzform	– will have to	– won't have to

2. Modale Hilfsverben ohne Ersatzformen

Modal auxiliaries without substitutes

a) *Will you? Would you?*

		Gebrauch
Will you come again? Would you please go?	*Willst du wieder kommen?* *Würdest du bitte gehen?*	Bei Fragen mit ***will you?/would you?*** handelt es sich um eine **Bitte** oder eine **Aufforderung** (im Deutschen „willst du", „würdest du bitte...").

b) *Shall I? Shall we?*

		Gebrauch
Shall I help you? Shall we leave at 8 o'clock?	*Soll ich dir helfen?* *Sollen wir um 8 Uhr wegfahren?*	Fragen mit ***shall I?/ shall we?*** verwendet man, um ein **Angebot** oder einen **Vorschlag** zu machen (im Deutschen: „sollen").

7

c) *Should/ought to*

	Gebrauch	
You really should stay at home. She really ought to drive more slowly.	*Du solltest eigentlich zu Hause bleiben.* *Sie sollte wirklich langsamer fahren.*	***Should*** und ***ought to*** drücken einen **Rat**, eine **Ermahnung** oder eine **Verpflichtung** aus (im Deutschen: „sollte“). *Ought to* wirkt strenger als *should*.
He shouldn't drive. We oughtn't to talk so much.	*Er sollte nicht fahren.* *Wir sollten nicht so viel reden.*	**Verneinung:** *should + not* *ought + not + to*

d) *May* und *might*

	Gebrauch	
It may rain. They might even play.	*Es kann sein, dass es regnet.* *Sie könnten vielleicht sogar spielen.*	***May*** und ***might*** können eine **Möglichkeit** ausdrücken. Bei *might* ist diese weniger wahrscheinlich. (Im Deutschen: „vielleicht“, „es kann/könnte sein, dass...)
He may not come. He might not see her.	*Er kommt vielleicht nicht.* *Es könnte sein, dass er sie nicht sieht.*	**Verneinung:** *may + not* *might + not*

Zu *may* in der Bedeutung von „dürfen“ s. S. 32.

Das Passiv

Das Passiv wird immer mit einer Form von *to be* + Partizip Perfekt gebildet. Das Partizip Perfekt setzt sich aus dem Infinitiv und der Endung -**ed** zusammen oder einer unregelmäßigen Verbform.
Der Gebrauch der Zeiten im Passiv entspricht dem der Zeiten im Aktiv.
Die Passivform wird vor allem dann gewählt, wenn man den Handelnden nicht nennen kann oder will, weil er nicht bekannt oder nicht wichtig ist.
Wie beim Aktiv können auch beim Passiv Kurz- und Langformen gebildet werden.

1. *Simple present passive*

	Bildung	
The Lord's Prayer is read aloud every day. Exams are written at the end of the term.	*Das Vaterunser wird jeden Morgen vorgelesen.* *Prüfungen werden am Ende des Trimesters geschrieben.*	Das Passiv im *simple present* wird gebildet aus ***am/is/are*** **+ Partizip Perfekt.**

	Gebrauch	
The dishes are washed after every meal. Beds are made at 8. Breakfast is served at 8.30.	*Das Geschirr wird nach jeder Mahlzeit gewaschen.* *Die Betten werden um 8 gemacht. Das Frühstück wird um 8.30 serviert.*	Das *simple present passive* bezeichnet – **gewohnheitsmäßige Handlungen,** – **aufeinander folgende Handlungen.** (Vgl. auch S. 18, *simple present*)

7

2. *Simple past passive*

Bildung

The ship was damaged in the accident. The men were rescued.	*Das Schiff wurde beim Unfall beschädigt.* *Die Männer wurden gerettet.*	Das Passiv im *simple past* wird gebildet aus ***was/were* + Partizip Perfekt.**

Gebrauch

		Das *simple past passive* bezeichnet in der Vergangenheit liegende
My car was stolen yesterday. First the boy was examined. Then he was taken to the hospital.	*Gestern wurde mein Auto gestohlen.* *Zuerst wurde der Junge untersucht. Dann wurde er ins Krankenhaus gebracht.*	– **einmalige Handlungen,** – **aufeinander folgende Handlungen,**
The newspapers were brought every morning.	*Die Zeitungen wurden jeden Morgen gebracht.*	– **wiederholte, abgeschlossene Handlungen.** (Vgl. S. 21, *simple past*)

3. *Present perfect passive*

	Bildung	
The papers have never been shown. The bank has just been robbed.	*Die Papiere sind nie gezeigt worden.* *Die Bank ist gerade ausgeraubt worden.*	Im *present perfect simple* wird das Passiv gebildet aus ***have/has* + *been* + Partizip Perfekt.**

	Gebrauch	
The little boy is crying. He has been left alone in the car. The shop has just been closed. This horse has never been ridden.	*Der kleine Junge weint. Er ist allein im Auto gelassen worden.* *Der Laden ist gerade geschlossen worden.* *Dieses Pferd ist noch nie geritten worden.*	Die Passivform des *present perfect simple* wird für Handlungen in der Vergangenheit gebraucht, deren Wirkung bis in die Gegenwart reicht. (Vgl. auch S. 23, *present perfect*)

7

4. *Passive infinitive*

	Bildung	
The robber must be caught by the police.	*Der Räuber muss von der Polizei erwischt werden.*	Die Passivform des Infinitivs setzt sich aus ***be* + Partizip Perfekt** zusammen.

	Gebrauch	
The suitcase must be packed by noon. The door can easily be opened.	*Der Koffer muss bis Mittag gepackt werden.* *Die Tür kann leicht geöffnet werden.*	Wie der Infinitiv Aktiv steht auch der *passive infinitive* nach Hilfsverben.

Der Infinitiv

1. Der Infinitiv mit *to*

The infinitive with 'to'

	Gebrauch	
She managed to visit him. They remembered to buy the milk. Promise to be there.	*Sie hat es geschafft, ihn zu besuchen.* *Sie dachten daran, die Milch zu kaufen.* *Versprich dort zu sein!*	Der **Infinitiv mit *to*** steht nach folgenden Verben: *decide, expect, forget, hope, manage, offer, promise, remember, try, want.*

2. Der Infinitiv ohne *to*

The infinitive without 'to'

	Gebrauch	
He couldn't find me. Shall we go? Would you do it?	*Er konnte mich nicht finden.* *Wollen wir gehen?* *Würdest du es tun?*	Der **Infinitiv ohne *to*** steht nach folgenden modalen Hilfsverben: *can, could, must, needn't, may, might, shall, will, should, would.*

7

3. Der Infinitiv nach Fragewörtern

The infinitive after question words

	Bildung	
He didn't know where to go. Did he tell you how to do it?	*Er wusste nicht, wo er hingehen sollte.* *Sagte er dir, wie du es machen sollst?*	Nach Fragewörtern kann auch eine Infinitivkonstruktion stehen: **Fragewort + Infinitiv mit *to***

	Gebrauch	
Indirekte Frage	**Infinitivkonstruktion**	
Rod had no idea how much he had to pay. *Rod hatte keine Ahnung, wie viel er zahlen musste.* Rod didn't know whether he should go now or not. *Rod wusste nicht, ob er jetzt gehen sollte oder nicht.*	Rod had no idea how much to pay. *Rod hatte keine Ahnung, wie viel er zahlen musste.* Rod didn't know whether to go now or not. *Rod wusste nicht, ob er jetzt gehen sollte oder nicht.*	Die Infinitivkonstruktion ersetzt eine indirekte Frage mit *whether, how, what* etc. + modalem Hilfsverb.

7

Gerundium

The gerund

Infinitiv	Gerundium	Bildung	
to surf to do	surfing doing	*surfen* *tun*	Das Gerundium setzt sich zusammen aus dem **Infinitiv + *-ing*-Endung**
to weave to lie to run	weaving lying running	*weben* *liegen* *rennen*	**Rechtschreibung:** – Das stumme End-*e* entfällt, – *-ie* wird zu *-y*, – nach kurzem, betonten Vokal wird der Endkonsonant verdoppelt. (Vgl. auch Partizip Präsens, S. 19)

	Gebrauch	
Throwing darts is fun. Another nice hobby is canoeing.	*Pfeile zu werfen macht Spaß.* *Noch ein nettes Hobby ist Kanu fahren.*	Das Gerundium kann im Satz stehen als: – **Subjekt** – **prädikative Ergänzung**
Has he finished eating? I can't stand clearing up! Please avoid making any noise.	*Ist er fertig mit dem Essen?* *Ich kann Aufräumen nicht ausstehen!* *Bitte vermeide es, Lärm zu machen!*	– **Objekt** nach den Verben *avoid, can't stand, enjoy, finish, give up, hate, imagine, like, love, mind, practise, stop*

Der Satz

1. Die Wortstellung in Aussage- und verneinten Sätzen

Word order in affirmative and negative statements

Die Stellung von Subjekt, Verb und Objekt				
		Subjekt	**Verb**	**Objekt**
Hauptsatz **Nebensatz**		I who	know can fly	someone a helicopter!
Hauptsatz **Nebensatz**	 if	She you	won't buy don't like	it it.

Sowohl in Haupt- wie auch in Nebensätzen steht die Wortstellung im Englischen fest: **Subjekt – Verb – Objekt.**

Achtung:
Im Gegensatz zum Deutschen dürfen im Englischen **Verb und Objekt nie getrennt** werden!

Die Stellung von Orts- und Zeitangaben					
Zeit	Subjekt	Verb	Objekt	**Ort**	**Zeit**
 Then	They we	will meet saw	her him	there at the dance.	later.

Orts- und Zeitangaben stehen in der Regel am Satzende.
Die **Orts**angabe steht dabei **vor** der **Zeit**angabe.
Die Zeitangabe kann auch am Satzanfang stehen.

7

Die Stellung von Adverbien		
I've always wanted a dog. She has never tried. He'll really do it.	*Ich habe mir immer einen Hund gewünscht.* *Sie hat es niemals versucht.* *Er wird es wirklich tun.*	Die Adverbien *always, sometimes, usually, often, never, just, already, still, even, ever* und *really* stehen **vor dem Vollverb.**
They're usually quiet.	*Sie sind normalerweise ruhig.*	**Ausnahme:** das Verb *to be* als selbstständiges Verb. Hier steht das Adverb **nach dem Vollverb.**
We haven't seen him before.	*Wir haben ihn vorher nicht gesehen.*	Die Adverbien *yet* und *before* stehen **am Satzende.**
You play well. They quickly finished. Unfortunately he's left.	*Du spielst gut.* *Sie hörten schnell auf.* *Unglücklicherweise ist er weggegangen.*	Adverbien der Art und Weise stehen – häufig **am Satzende,** – gelegentlich **vor dem Vollverb;** – zur Betonung können sie auch **am Satzanfang** stehen.

7

2. Die Wortstellung in Fragesätzen

Word order in questions

	Fragen mit dem Fragewort als Subjekt		
Subjekt	**Verb**		
Who What Whose son	is coming? was has gone?	 great? 	Das Fragewort ist – Subjekt oder – Teil des Subjekts

Die Wortstellung im Fragesatz ist die gleiche wie im Aussagesatz (**Subjekt – Verb**), wenn das Fragewort Subjekt oder Teil des Subjekts ist. Diese Fragen werden nicht mit *to do* umschrieben.

		Andere Fragesätze			
Fragewort	**Hilfsverb**	**Subjekt**	**Vollverb**		
Where What Who – –	have is did Does Will	you he they she they	played? doing? call? like try?	 it? 	– Fragewort ist kein Subjekt – Fragen ohne Fragewort
Why –	**Vollverb** are Was	you she		wet? fit?	**Ausnahme:** Fragen mit *to be* im – *simple present* – *simple past*

In Fragen mit einem Fragewort, das nicht Subjekt ist und in Fragen ohne Fragewort lautet die Wortstellung so:
(Fragewort) + Hilfsverb + Subjekt + Vollverb.

Ausnahme:
Das Verb *to be* benötigt im *simple present* und im *simple past* kein Hilfsverb bei der Bildung einer Frage.

3. Bestätigungsfragen

Question tags

Bildung

I can look around, can't I? The plane hasn't landed yet, has it?	*Ich darf mich umsehen, oder?* *Das Flugzeug ist noch nicht gelandet, oder?*	In der Bestätigungsfrage greift man Teile des vorangehenden Satzes wieder auf: – In Aussagesätzen mit Hilfsverben wird das Hilfsverb mit dem Subjekt (als **Pronomen**) wiederholt.
Tom knows, doesn't he? They agreed, didn't they?	*Tom weiß es, nicht wahr?* *Sie haben zugestimmt, oder nicht?*	– In Aussagesätzen mit Vollverb wird das Verb durch *to do/does* ersetzt.
You've met her, haven't you? She won't get it, will she?	*Du hast sie getroffen, oder?* *Sie wird es nicht bekommen, oder?*	Es gilt folgende Regel: – bejahter Satz: verneinte Bestätigungsfrage – verneinter Satz: bejahte Bestätigungsfrage

Gebrauch

She's avoiding me, isn't she? They won't like that, will they?	*Sie meidet mich, nicht wahr?* *Das werden sie nicht mögen, oder?*	Mit einer Bestätigungsfrage wiederholt der Sprecher seine Aussage in kurzer Frageform. Er verwendet die Bestätigungsfrage, wenn er **Zustimmung** oder **Bestätigung** seiner Aussage erwartet. Im Deutschen gebraucht man „nicht wahr?", „oder (nicht)?"

7

4. Kurzantworten

Short answers

Frage	Kurzantwort (Bildung)	
Have you got a key? *Hast du einen Schlüssel?* Did the girls like the game? *Gefiel den Mädchen das Spiel?*	Yes, I have. *Ja.* No, they didn't. *Nein.*	Die Kurzantwort wird aus Teilen der vorangehenden Frage gebildet: **Subjekt (als Pronomen) + Hilfsverb (+ *not*).**

Frage	Kurzantwort (Gebrauch)	
Have you asked him? *Hast du ihn gefragt?* Will your brother come to see us? *Wird dein Bruder uns besuchen?*	Yes, I have. *Ja.* No, he won't. *Nein.*	Im Englischen wird die Antwort *yes* oder *no* auf Entscheidungsfragen häufig noch durch einen Kurzsatz ergänzt. Im Deutschen antwortet man im Allgemeinen nur mit „ja" oder „nein".

7

5. Notwendige Relativsätze

Defining relative clauses

	Bezugswort	notwendiger Relativsatz
This is	the girl	who has won the first prize.
Das ist	*das Mädchen,*	*das den ersten Preis gewonnen hat.*
This is	the girl	who I met yesterday.
Das ist	*das Mädchen,*	*das ich gestern traf.*

Der notwendige Relativsatz macht klar, **welches** Mädchen gemeint ist.
Er ist für das Verständnis der Aussage „notwendig".
Im Gegensatz zum Deutschen steht zwischen Bezugswort und notwendigem Relativsatz **kein Komma**!

	Die Relativpronomen	
		Folgende Relativpronomen können einen notwendigen Relativsatz einleiten:
That's the man who arrived yesterday.	*Das ist der Mann, der gestern ankam.*	– ***Who*** bezieht sich auf eine oder mehrere Personen;
They're the projects which were good.	*Das sind die Projekte, die gut waren.*	– ***which*** bezieht sich auf eine oder mehrere Sachen;
Here are the girls that found the coin.	*Hier sind die Mädchen, die die Münze fanden.*	– ***that*** bezieht sich auf eine oder mehrere Personen oder Sachen;
There's the author whose books were popular.	*Da ist der Autor, dessen Bücher beliebt waren.*	– ***whose* + Nomen** bezieht sich auf eine oder mehrere Personen oder Sachen.

7

Who, which und *that* als Subjekt

	Subjekt	
I met the people	who	came yesterday.
Ich traf die Leute,	*die*	*gestern kamen.*
Where is the lake	which	is so famous?
Wo ist der See,	*der*	*so berühmt ist?*
Here are the girls	that	found the coin.
Hier sind die Mädchen,	*die*	*die Münze fanden.*

Who, which und *that* können Subjekt des Relativsatzes sein. Als **Subjekt** des Relativsatzes dürfen sie nicht weggelassen werden!

Who/whom, which und *that* als Objekt

	Objekt	Subjekt	
The figure	which/that	he	is making is nice.
The figure	–	he	is making is nice.
Die Figur,	*die*	*er*	*macht, ist hübsch.*
The Scots	who/whom/that	I	met were friendly.
The Scots	–	I	met were friendly.
Die Schotten,	*die*	*ich*	*traf, waren freundlich.*

Ist das Relativpronomen **Objekt** des Relativsatzes, wird es im Englischen – vor allem in der Umgangssprache – oft weggelassen. Im Deutschen darf es dagegen nicht wegfallen.
Statt *who* kann auch *whom* als Objektform des Relativpronomens gebraucht werden. *Whom* wird vorwiegend in der Schriftsprache verwendet.

Präpositionen im Relativsatz

	Objekt		Präposition
There's the teacher	(who/that)	they played the trick	on.
Here's the essay	(which/ that)	I'm proud	of.

Eine Präposition steht im Relativsatz **hinter** dem Verb oder hinter dem zum Verb gehörigen Objekt. In Verbindung mit einer Präposition ist das Relativpronomen immer Objekt des Relativsatzes. Daher kann es in solchen Sätzen auch weggelassen werden.

Bedingungssätze

Bedingungssätze bestehen immer aus einem *if*-Satz und einem Hauptsatz. Der *if*-Satz nennt die Bedingung. Der Hauptsatz drückt die Folge aus, die eintritt, falls die Bedingung erfüllt wird.

Typ I: Bedingungssätze mit *will-future* im Hauptsatz

Type I: conditional sentences with will-future in the main clause

	Gebrauch	
if-Satz: simple present	**Hauptsatz: will-future**	
If they start now, *Wenn sie jetzt losgehen,* If they don't start now, *Wenn sie jetzt nicht losgehen,*	they'll get the train. *werden sie den Zug bekommen.* they'll miss the train. *werden sie den Zug verpassen.*	**Zur Erinnerung:** Der *if*-Satz mit ***present tense*** drückt aus, dass es sich um eine **erfüllbare Bedingung** handelt. Der Hauptsatz mit ***will-future*** drückt die **Folge für die Zukunft** aus, die eintritt, falls die Bedingung erfüllt wird.
If the weather is fine tomorrow, *Wenn das Wetter morgen schön ist,*	we'll go for a walk. *werden wir spazieren gehen.*	**Achtung:** Auch wenn sich die Bedingung auf die Zukunft bezieht: **Im *if*-Satz steht nie das *will-future*!**

7

Typ II: Bedingungssätze mit *conditional* im Hauptsatz

Type II: conditional sentences with conditional in the main clause

	Bildung des *conditional*
He would come, too. *Er würde auch kommen.*	Das *conditional* wird gebildet aus ***would*** **+ Infinitiv** (Kurzform: *'d* + Infinitiv)
I would not do it. *Ich würde es nicht tun.*	**Wortstellung in verneinten Sätzen:** *would* + *not* + Infinitiv (Kurzform: *wouldn't* + Infinitiv)
Would you open the door? *Würdest du die Tür öffnen?*	**Wortstellung in Fragesätzen:** *would* + Subjekt + Infinitiv

Gebrauch

if-Satz: past tense	Hauptsatz: conditional	
If he had time, *Wenn er Zeit hätte,* If they weren't poor, *Wenn sie nicht arm wären,* If you didn't have a dog, *Wenn du keinen Hund hättest,*	he'd do it. *würde er es tun.* they'd buy it. *würden sie es kaufen.* you wouldn't be happy. *wärst du nicht glücklich.*	Handelt es sich in dem *if*-Satz um eine Bedingung, deren Erfüllung **zweifelhaft** oder sogar **unmöglich** ist, so steht im *if*-Satz das ***simple past.*** Im Hauptsatz wird die **Folge** ausgedrückt, die einträte, falls diese Bedingung doch noch erfüllt würde. Hier steht das *conditional.* **Achtung:** **Das *conditional* steht nie im *if*-Satz!**
If I were you, *Wenn ich du wäre,*	I wouldn't go. *würde ich nicht hingehen.*	Bei dieser Redewendung wird immer die Form ***were*** von *to be* benutzt. Auch sonst kann bei *I, he, she,* und *it* ***were*** in *if*-Sätzen verwendet werden.

Zahlen, Datum, Uhrzeit

1. Grundzahlen

Cardinal numbers

Die Grundzahlen bis 100

1	one	16	sixteen
2	two	17	seventeen
3	three	18	eighteen
4	four	19	nineteen
5	five	20	twenty
6	six	21	twenty-one
7	seven	22	twenty-two
8	eight	30	thirty
9	nine	40	forty
10	ten	50	fifty
11	eleven	60	sixty
12	twelve	70	seventy
13	thirteen	80	eighty
14	fourteen	90	ninety
15	fifteen	100	a/one hundred

Beachte:
- Zwischen Zehnern und Einern steht ein Bindestrich: *twenty-one*.
- Vor *hundred, thousand, million* steht immer der unbestimmte Artikel oder ein Zahlwort: ***a/one** hundred*, ***a/one** thousand*, ***a/one** million*.

7

Die Grundzahlen ab 100

101	a/one hundred and one
102	a/one hundred and two
121	a/one hundred and twenty-one
200	two hundred
212	two hundred and twelve
1,000	a/one thousand
1,020	a/one thousand and twenty
2,205	two thousand two hundred and five
10,560	ten thousand five hundred and sixty
100,000	a/one hundred thousand
222,301	two hundred and twenty-two thousand three hundred and one
1,000,000	a/one million
2,000,000	two million

Beachte:
- Bei Zahlen über 100 steht vor Einern und Zehnern *and*: *a/one hundred and one*, *a/one hundred and twenty-two*, *a/one thousand and twenty*.
- *Hundred*, *thousand* und *million* erhalten kein Plural *-s*: *two hundred*, *two thousand*, *two million*.
- Ab Tausend werden im Englischen die jeweils letzten 3 Ziffern durch Komma abgetrennt: 1,000; 10,560; 100,000; 1,000,000. Im Deutschen steht dagegen ein Leerzeichen oder ein Punkt: 1 000 oder 1.000.

7

2. Jahreszahlen

Years

Schreibung	Aussprache	
1235	twelve thirty-five	– Jahreszahlen werden häufig in Zehnereinheiten gesprochen.
1600	sixteen hundred	
1905	nineteen oh-five	– Die Zahl Null wird ***oh*** gesprochen.
2000	two thousand	
2003	two thousand and three	

3. Ordnungszahlen

Ordinal numbers

1st	first	8th	eighth	20th	twentieth
2nd	second	9th	ninth	21st	twenty-first
3rd	third	10th	tenth	22nd	twenty-second
4th	fourth	11th	eleventh	23rd	twenty-third
5th	fifth	12th	twelfth	24th	twenty-fourth
6th	sixth	13th	thirteenth	30th	thirtieth
7th	seventh	19th	nineteenth	31st	thirty-first
				100th	hundredth

Beachte:
Die Ordnungszahlen werden in der Regel auf *-th* gebildet:
fourth, hundredth.
Ausnahmen:
- *First, second* und *third* sind unregelmäßige Formen. Sie werden auch bei zusammengesetzten Ordnungszahlen gebraucht: *twenty-first*.
- Bei den Zehnerzahlen von 20 – 90 wird *-y* vor *-th* in *-ie* umgewandelt: *twentieth, thirtieth, ..., ninetieth.*

4. Bruchzahlen

Fractions

1/3	a/one third	Bruchzahlen werden folgendermaßen gebildet: – Der Zähler ist eine Grundzahl oder der unbestimmte Artikel. – Der Nenner ist eine Ordnungszahl. **Ausnahmen:** *half* und *quarter*.
1/5	a/one fifth	
1/7	a/one seventh	
1/2	a/one half	
1/4	a/one quarter	
2/6	two sixths	Ist der Zähler größer als 1, fügt man dem Nenner der Bruchzahl ein *-s* hinzu.
1 8/9	one and eight ninths	

7

5. Datum

Date

Wochentage und Monate

Wochentage	Monate		
Monday Tuesday Wednesday Thursday Friday Saturday Sunday	January February March April May June	July August September October November December	Die Wochentage und die Monate werden immer **groß-geschrieben.**

Datum

Schreibung	Aussprache	
May 3rd May 3 3rd May 3 May	May the third May the third the third of May the third of May	Es gibt mehrere Möglichkeiten, das Datum zu schreiben. Das Datum wird anders geschrieben als gesprochen.

7

6. Die Uhrzeit

Telling the time

Schreibung	Aussprache	
2.00	two o'clock	– Bei vollen Stunden sagt man ***o'clock*** nach der Zahl.
2.03 2.15 2.30 2.20	three minutes past two (a) quarter past two half past two twenty (minutes) past two	– Von der 1. bis zur 30. Minute bezieht man sich mit ***past*** auf die vorhergehende Stunde. – Bei Zeitangaben mit Fünferzahlen (5, 10, 15 ...) kann man ***minutes*** weglassen.
2.45 2.59	a quarter to three one minute to three	– Von der 31. bis zur 59. Minute bezieht man sich mit ***to*** auf die folgende Stunde.

Rechtschreibung und Aussprache

1. Besonderheiten in der Rechtschreibung

	Großschreibung	
		Im Englischen werden **immer** großgeschrieben:
We saw him.	*Wir sahen ihn.*	– das erste Wort im Satz
When I found him, he laughed.	*Als ich ihn fand, lachte er.*	– das Personalpronomen „ich“
Tom is my brother.	*Tom ist mein Bruder.*	– Eigennamen
He is in London.	*Er ist in London.*	– Städtenamen
Susan is visiting Germany.	*Susan besucht Deutschland.*	– Ländernamen
She speaks German.	*Sie spricht deutsch.*	– Sprachen
She is English.	*Sie ist Engländerin.*	– Staatsangehörigkeiten
We'll start on Monday.	*Wir werden Montag losfahren.*	– Wochentage
We visited London in July.	*Wir besuchten London im Juli.*	– Monate
The London Underground is one of the the biggest undergrounds in the world. I saw the Queen (Queen Elizabeth II).	*Die Londoner U-Bahn ist eine der größten U-Bahnen der Welt.* *Ich sah die Königin (Königin Elizabeth II).*	**Achtung:** Einige Nomen können als Eigennamen verwendet werden.

7

Der *s*-Genitiv

Philip's brother the expert's report the men's pensions	*Philips Bruder* *der Bericht des Experten* *die Renten der Männer*	Der Genitiv wird mit **Apostroph + -*s*** gebildet, – wenn das Nomen im Singular steht, – bei unregelmäßigen Pluralformen.
the girls' names	*die Namen der Mädchen*	Bei Pluralformen auf -*s* steht nur der **Apostroph.**

-*y* wird zu -*i*

happy – happily busy – busier – busiest to try – he tried	*glücklich* *beschäftigt – beschäftigter – am beschäftigsten* *versuchen – er versuchte*	-*y* wird zu -*i* – **vor** -*ly* bei der Bildung von Adverbien, – **vor** -*er* und -*est* bei der Steigerung von **zweisilbigen** Adjektiven, – **vor** -*ed* bei der Bildung des *simple past* und des Partizips Perfekt, wenn -*y* auf einen **Konsonanten** folgt.
sly – slyer – the slyest to enjoy – she enjoyed	*schlau – schlauer – der schlaueste* *genießen – sie genoss*	**Achtung:** -*y* bleibt erhalten – bei der Steigerung von **einsilbigen** Adjektiven, – vor -*ed*, wenn der Infinitiv mit einem **Vokal** endet.

-y wird zu *-ie*

city – cities to carry – he carries	*Stadt – Städte* *tragen – er trägt*	Nach einem **Konsonanten** wird *-y* zu *-ie* – **vor** dem Plural-*s* bei Nomen, – **vor** der Endung *-s* bei der 3. Person Singular Präsens der Verben.
essay – essays to enjoy – she enjoys	*Aufsatz – Aufsätze* *genießen – sie genießt*	**Achtung:** Nach einem **Vokal** bleibt das *-y* vor der Endung *-s* erhalten!

-ie wird zu *-y*

to tie – he is tying	*verschnüren – er verschnürt gerade*	*-ie* wird zu *-y* **vor** der *-ing*-Endung bei der Bildung des Partizips Präsens.

Wegfall des stummen End-*e*

late – later – latest to leave – he is leaving to close – he closed	*spät – später – am spätesten* *weggehen – er geht gerade weg* *schließen – er schloss*	Das stumme End-*e* entfällt – **vor** *-er* **und** *-est* bei der Steigerung von Adjektiven, – **vor** der *-ing*-Endung bei der Bildung des Partizips Präsens, – **vor** *-ed* bei der Bildung des *simple past* und des Partizips Perfekt.

7

7

Verdoppelung des Endkonsonanten

wet – wetter – wettest	*nass – nasser – am nassesten*	**Nach kurzem Vokal** wird der **Endkonsonant verdoppelt** – **vor** *-er* **und** *-est* bei der Steigerung von Adjektiven,
to win – they are winning	*gewinnen – sie gewinnen gerade*	– **vor** der *-ing*-Endung bei der Bildung des Partizips Präsens,
to stop – they stopped	*halten – sie hielten*	– **vor** *-ed* bei der Bildung des *simple past* und des Partizips Perfekt.

-f* und *-fe* werden zu *-ve

scarf – scarves knife – knives	*Schal – Schals* *Messer – Messer*	Bei Nomen, die auf *-f* oder *-fe* enden, werden *-f* oder *-fe* **vor** dem Plural-*s* zu *-ve*.

Eingeschobenes *-e* nach Zischlaut

peach – peaches	*Pfirsich – Pfirsiche*	**Nach einem Zischlaut** wird **vor** die Endung *-s* ein *-e* eingeschoben – bei der Pluralbildung der Nomen,
to fix – he fixes	*befestigen – er befestigt*	– bei der Bildung der 3. Person Singular Präsens der Verben.

Gleich klingende Wörter

Es gibt eine Reihe von Wörtern, die die gleiche Aussprache haben, die aber anders geschrieben werden und eine andere Bedeutung haben. Im Satzzusammenhang ist das betreffende Wort erkennbar.

allowed / aloud	*von to be allowed to (= dürfen) / laut*
bean / been	*Bohne / von to be (= sein)*
blue / blew	*blau / von to blow (= wehen)*
board / bored	*Brett; (Wand-)Tafel; Bord / gelangweilt*
break / brake	*(zer-)brechen; Pause / Bremse*
by / bye / buy	*mit; von; durch; bis / tschüss / kaufen*
caught / court	*von to catch (= fangen, erwischen) / (königlicher) Hof*
cent / sent	*Cent / von to send (= schicken, senden)*
dear / deer	*liebe(r,s); Schatz / Reh(e), Hirsch(e); Rotwild*
eye / I	*Auge / ich*
fair / fare	*blond, schön; gerecht; Jahrmarkt / Fahrgeld*
farther / father	*weiter / Vater*
flour / flower	*Mehl / Blume*
for / four	*für / vier*
hear / here	*hören / hier*
hey / hay	*He / Heu*
hi / high	*Hallo / hoch*
higher / hire	*höher / mieten, leihen*
hour / our	*Stunde / unser(e)*
its / it's	*sein(e); ihr(e) / es ist*
know / no	*kennen, wissen / nein; kein(e)*
knows / nose	*von to know (= kennen, wissen) / Nase*
knew / new	*von to know (= kennen, wissen) / neu*
knight / night	*Ritter / Nacht, Abend*
meat / meet	*Fleisch / (sich) treffen, (sich) kennen lernen*
one / won	*ein(e); eins / von to win (= gewinnen)*
passed / past	*von to pass (= zureichen; (Zeit) vergehen) / nach; vorbei, vorüber; Vergangenheit*
peace / piece	*Friede(n) / Stück*
red / read	*rot / von to read (= lesen)*
right / write	*richtig; rechte(r,s); nach rechts; Recht / schreiben*
road / rode	*(Land-)Straße / von to ride (= reiten; (Rad) fahren)*
role / roll	*Rolle / Brötchen*
sail / sale	*Segel; segeln / (Aus-)Verkauf*
saw / sore	*von to see (= sehen) / rauh, wund, entzündet*

7

see / sea	*sehen / Meer*
seen / scene	*von to see (= sehen) / Szene*
sight / site	*Sehenswürdigkeit / Lage, (Bau-)Platz*
son / sun	*Sohn / Sonne*
steel / steal	*Stahl / stehlen*
there / their / they're	*da(hin), dort(hin) / ihr(e) / sie sind*
there's / theirs	*es gibt, da ist / ihre(r,s)*
threw / through	*von to throw (= werfen) / (hin)durch*
thrown / throne	*von to throw (= werfen) / Thron*
too / two / to	*auch; zu / zwei / zu, nach, in*
way / weigh	*Weg / wiegen*
weak / week	*schwach / Woche*
wear / where / ware	*(Kleidung) tragen, anhaben / wo(hin) / Ware*
weather / whether	*Wetter / ob*
whole / hole	*ganz, gesamt / Loch*
witch / which	*Hexe / welche(r,s); der, die, das (Relativpronomen)*
whose / who's	*wessen; dessen, deren (Relativpronomen) / wer ist*
wood / would	*Wald; Holz / von will (= wollen)*
wore / war	*von to wear ((Kleidung) tragen, anhaben) / Krieg*
your / you're	*dein(e), euer, eure, Ihr(e) / du bist, ihr seid, Sie sind*

2. Besonderheiten in der Aussprache

	Die Endung *-ed*	
to kill – he killed to scream – she had screamed The cat killed [d] it. She had screamed [d]. It died [d].	*töten – er tötete* *schreien – sie hatte geschrien* *Die Katze tötete es.* *Sie hatte geschrien.* *Es starb.*	Das *simple past* und die regelmäßigen Formen des Partizips Perfekt enden auf *-ed*. *-ed* wird [**d**] ausgesprochen, wenn der Infinitiv mit – einem **stimmhaften Konsonanten** (*b, d, g, l, m, n, v* ...) oder – einem **Vokal** endet.
He kicked [t] the ball. They dressed [t] differently.	*Er trat den Ball.* *Sie zogen sich anders an.*	Endet der Infinitiv mit einem **stimmlosen Konsonanten** (*f, k, p, s* ...), wird *-ed* als [**t**] gesprochen.
It lasted [id] an hour. I added [id] 5 per cent.	*Es dauerte eine Stunde.* *Ich fügte 5 Prozent hinzu.*	Wenn der Infinitiv mit ***t*** oder ***d*** endet, wird die Endung *-ed* als zusätzliche Silbe [**id**] gesprochen.

7

Die Endung *-s*

boy – boys to like – he likes	*Junge – Jungen* *mögen – er mag*	Der Plural der Nomen und die 3. Person Singular Präsens der Verben werden mit der Endung *-s* gebildet. *-s* wird **[z]** ausgesprochen
My hands [z] are cold.	*Meine Hände sind kalt.*	– nach **stimmhaften Konsonanten** (*b, d, g, l, m, n, r, v, ...*) und
He plays [z] tennis.	*Er spielt Tennis.*	– nach **Vokalen**
These are my projects [s]. She thinks [s] of everything.	*Das sind meine Pläne.* *Sie denkt an alles.*	Nach **stimmlosen** Konsonanten (*p, t, k, f, ...*) wird *-s* als [s] gesprochen.

Die Silbe *-es* nach Zischlauten

peach – peaches to fix – he fixes	*Pfirsich – Pfirsiche* *befestigen – er befestigt*	Nomen und Verben, die mit einem **Zischlaut** enden, bilden den Plural bzw. die 3. Person Singular Präsens mit *-es*.
peaches [iz] he fixes [iz]	*Pfirsiche* *er befestigt*	Die Endsilbe *-es* wird als **[iz]** gesprochen.
course – courses [iz] to promise – he promises [iz]	*Kurs – Kurse* *versprechen – er verspricht*	Folgt auf den Zischlaut bereits ein stummes End-*e*, wird nur *-s* angehängt, aber die zusätzliche Silbe *-es* wird ebenfalls **[iz]** ausgesprochen.

Betonung im Englischen (*stress*)		
story popular exciting	*Geschichte* *beliebt* *aufregend*	Normalerweise wird nur **eine Silbe** in einem Wort betont. Oft ist das im Englischen die erste.
million problem	*Million* *Problem*	Achte besonders auf Wörter, die auch im Deutschen gebräuchlich sind und die im Englischen anders betont werden.

3. Besonderheiten in Rechtschreibung und Aussprache

Stumme Konsonanten		
Es gibt eine Reihe von Wörtern, die stumme Konsonanten enthalten. Stumme Konsonanten sind Buchstaben, die nicht gesprochen werden. Hier werden häufig Rechtschreib- oder Aussprachefehler gemacht.		
b	to climb comb / to comb thumb	*klettern, steigen* *Kamm / kämmen* *Daumen*
gh	although, though bought bright brought caught daughter eight fight / to fight flight fought to frighten / to be frightened height high the Highlands Highlander knight light might neighbour neighbourhood	*obwohl, obgleich* *von to buy (kaufen)* *hell, leuchtend* *von to bring (mit-, herbringen)* *von to catch (fangen, erwischen)* *Tochter* *acht* *Kampf / (be)kämpfen, streiten* *Flug* *von to fight ((be)kämpfen, streiten)* *erschrecken / Angst haben* *Höhe* *hoch* *das schottische Hochland* *Hochländer* *Ritter* *Licht, Lampe* *könnte(n) vielleicht, dürfte(n)* *Nachbar(in)* *Nachbarschaft*

7

	night	*Nacht, (später) Abend*
	nought	*Null*
	ought to	*sollte(n), müsste(n)*
	plough	*Pflug*
	right	*richtig; rechte(r,s), nach rechts; direkt, genau; Recht*
	sight	*Sehenswürdigkeit; Anblick*
	straight	*gerade(wegs), direkt*
	thought	*von to think (denken, meinen, glauben, finden)*
	through	*durch, hindurch*
	throughout	*überall in; während des / der ganzen*
	to tighten	*anziehen, festziehen, straffen*
	to weigh	*wiegen*
h	ghost	*Geist, Gespenst*
	hour	*Stunde*
	what	*was*
	whatever	*was (auch) immer*
	wheat	*Weizen*
	wheel / to wheel	*Rad / jdn schieben, fahren*
	when	*wann; wenn; als*
	whenever	*immer wenn, wann (auch) immer*
	where	*wo(hin)*
	wherever	*wo(hin) (auch) immer*
	whether	*ob*
	which	*welche(r,s); der, die, das (Relativpronomen*
	whichever	*welche(r,s) (auch) immer*
	while	*während*
	whisky	*Whisky*
	to whisper	*flüstern*
	whistle	*Pfeife; Pfiff, Abpfiff*
	white	*weiß*
	why	*warum*
k	knee	*Knie*
	knife, knives	*Messer*
	knight	*Ritter*
	to knit	*stricken*
	knitwear	*Strickwaren*
	to knock	*(an)klopfen; schlagen*

	to know known	*kennen; wissen; erkennen, unterscheiden* *bekannt*
l	to calm down could folk half should to talk to walk / walk would	*(sich) beruhigen* *konnte(n), könnte(n)* *Leute* *halb; Hälfte* *sollte(n), müsste(n)* *sprechen, reden; sich unterhalten* *(zu Fuß) gehen, laufen; Spaziergang, Wanderung* *würde(n) tun*
r	centre heart metre theatre uncomfortable	*Zentrum, (Stadt-)Mitte* *Herz* *Meter* *Theater* *ungemütlich, unbehaglich*
t	castle Christmas to fasten to listen often whistle	*Schloss, Burg* *Weihnachten, das Weihnachtsfest* *befestigen, festmachen; zumachen* *zu-, anhören* *oft* *Pfeife; Pfiff, Abpfiff*

7

Ähnlich klingende Wörter

Es gibt eine Reihe von Wörtern, die oft verwechselt werden, weil sie ähnlich klingen oder ähnlich geschrieben werden.

to accept / except / to expect	*annehmen / außer / erwarten*
at least / at last	*mindestens, wenigstens / endlich, schließlich*
bad / bed	*schlecht; schlimm / Bett*
clothes / cloths	*Kleidung, Kleider / Stoffe*
coast / to cost	*Küste / kosten*
cold / could	*kalt; Kälte / von to be able to (= können)*
country / county	*Land, Staat / Grafschaft*
fan / fun	*Anhänger, Fan / Spaß*
folk / fork	*Leute / Gabel*
had / hat / head	*von to have (= haben) / Hut / Kopf*
her / here	*ihr(e); ihr, sie / hier*
he's / his	*er ist / sein(e); seine(r,s)*
how / who	*wie / wer, wem, wen; der, dem, den, die (Relativpronomen)*
interested / interesting	*interessiert / interessant*
knows / news	*von to know (=kennen; wissen) / Nachricht(en)*
to leave / to live / life	*verlassen; weggehen, wegfahren, (zurück)lassen / leben, wohnen / Leben*
man / men	*Mann / Männer*
match / much	*Spiel, Wettkampf / viel*
to marry / merry	*heiraten / fröhlich, lustig*
no / now	*nein; kein(e) / nun, jetzt*
now / to know	*nun, jetzt / kennen; wissen*
of / off	*von / weg, fort, ab*
to prepare / to repair	*vorbereiten, zubereiten / reparieren, ausbessern*
quiet / quite	*ruhig, leise / ziemlich; ganz*
to rise / to raise	*(sich) erheben, ansteigen / (hoch)heben, aufstellen*
sad / said	*traurig / von to say (= sagen)*
shirt / skirt	*Hemd / Rock*
soap / soup	*Seife / Suppe*
than / then	*als (in Vergleichen) / dann, danach; damals*

7

this / that / these / those to walk / to work where / were woman / women	*diese(r,s) / jene(r,s) / diese / jene* *laufen / arbeiten* *wo, wohin / von to be (= sein)* *Frau / Frauen*

4. Das Alphabet

The alphabet

a	say	j	Jane	s	lesson
b	be	k	Kate	t	tea
c	see	l	sell	u	you
d	diesel	m	lemonade	v	video
e	he	n	ten	w	double + you
f	left	o	no	x	exercise
g	jeans	p	Peter	y	why
h	hate + chess	q	queue/cue	z	zoo + fed
i	I	r	are		

Wortliste

a

a few = *ein paar, einige*
a lot = *viel*
a lot of = *viel, viele*
half a year = *ein halbes Jahr*
abroad = *ins / im Ausland*
to accept = *annehmen, akzeptieren*
accident = *Unfall*
to accompany = *begleiten*
across = *(quer) über / durch*
activity (activities) = *Beschäftigung, Aktivität*
to add = *hinzufügen; dazugeben*
adult = *Erwachsener*
adventure = *Abenteuer*
adventurous = *abenteuerlustig*
age = *Alter*
airport = *Flughafen*
almost = *fast, beinahe*
although = *obwohl, obgleich*
angry = *wütend, böse*
annoyed = *verärgert*
another = *ein(e) andere(r, s); noch ein(e)*
to appear = *erscheinen*
area = *Gegend*
to argue = *(sich) streiten*
argument = *Streit, Auseinander-setzung*
arrival = *Ankunft*
artificial = künstlich
at:
at 12 am = *um 12 Uhr mittags*
at a shop = *in einem Laden*
at first = *zuerst, anfangs*
at last = *endlich; schließlich, zuletzt*
at least = *mindestens; zumindest, wenigstens*
athletics = *Leichtathletik*
to attract = *anziehen*
to avoid = *(ver)meiden*
awful = *schrecklich, furchtbar*

band = *Musikkapelle*
basket = *Korb*
battle = *Schlacht*
bean = *Bohne*
because of = *wegen*
to become (became; become) = *werden*
before = *vor; bevor, ehe*
to begin (began; begun) = *beginnen, anfangen*
beginning = *Anfang, Beginn*
to believe = *glauben*
below = *unten; unter(halb von)*
bill = *Rechnung*
binoculars = *Fernglas*
to bleed = *bluten*
boat = *Boot, Schiff*
to book = *buchen, reservieren lassen*
border = *Grenze*
bored = *gelangweilt*
boring = *langweilig*
to borrow = *sich (aus)leihen, entleihen*
both = *beide(s)*
boy-friend = *Freund (eines Mädchens)*
brave = *mutig, tapfer*
to break (broke; broken) = *(zer)brechen; kaputtmachen, kaputtgehen*
bright = *hell, leuchtend*
to bring (brought; brought) = *(mit-)bringen*
to build (built; built) = *(er)bauen*
building = *Gebäude*

7

bus fare = *Fahrpreis für den Bus*
busy = *beschäftigt; fleißig*
button = *Knopf*
to buy (bought; bought) = *kaufen*

calculator = *Taschenrechner*
calendar = *Kalender*
to call = *(an)rufen*
capital = *Hauptstadt*
caravan = *Wohnwagen*
careful = *sorgfältig; vorsichtig*
carpet = *Teppich*
castle = *Burg, Schloss*
to catch = *fangen, erwischen*
to cause = *verursachen*
to celebrate = *feiern*
central = *Zentral-, Mittel-, Haupt-*
  central heating = *Zentralheizung*
centre = *Zentrum*
  leisure centre = *Freizeitzentrum*
  shopping centre = *Einkaufszentrum*
century = *Jahrhundert*
certain = *gewiss, bestimmt*
certainly = *gewiss, sicherlich, bestimmt*
chance = *Gelegenheit, Chance*
change = *(Ver-)Änderung*
to change = *wechseln; (sich) ändern; sich umziehen*
  he changed his mind = *er änderte seine Meinung*
chemist's:
  at the chemist's = *in der Apotheke*
chess = *Schach*
chimney = *Schornstein, Kamin*
choir = *Chor*
to choose (chose; chosen) = *(aus)wählen*
circle = *Kreis*
to clean = *putzen, reinigen*
clear = *klar, deutlich*
clerk = *(Büro)angestellte(r)*
clever = *klug, schlau*
to climb = *klettern, steigen*
close = *nahe*
to close = *schließen, zumachen*
closed = *geschlossen, zu*
closing-time = *Ladenschlusszeit*
cloth = *Stoff, Tuch*
clothes = *Kleider, Kleidung*
coal = *Kohle*
coal-mine = *Kohlebergwerk*
coast = *Küste*
coin = *Münze*
to collect = *sammeln*
coloured = *farbig*
colourful = *farbenfroh*
to comb = *kämmen*
comfortable = *bequem, gemütlich*
to commute = *pendeln*
commuter = *Pendler(in)*
company = *Firma*
competition = *Wettbewerb, Wettkampf*
to complain = *sich beschweren, sich beklagen*
to complete = *vervollständigen*
concert = *Konzert*
congratulations = *herzliche Glückwünsche*
considerate = *rücksichtsvoll*
to consist = *bestehen*
to continue = *sich fortsetzen*
to cook = *kochen, zubereiten*
cooker = *Herd*
to correct = *korrigieren, berichtigen, verbessern*
to cost = *kosten*
cottage = *(kleines Landhaus)*
cotton = *Baumwolle*
cough = *Husten*
country = *Staat; Land*
  in the country = *auf dem Land*
countryside = *Landschaft, (ländliche) Gegend*

7

courage = *Mut, Courage*
to cover = *bedecken, zudecken*
crew = *Mannschaft, Crew*
crops = *Ernte, Feldfrüchte*
to cross = *überqueren, kreuzen*
crossing = *Überfahrt, Überquerung*
crowd = *(Menschen)menge*
crowded = *überfüllt, voll*
culture = *Kultur*
curious = *neugierig*
curtain = *Vorhang*
customer = *Kunde, Kundin*
customs = *Zoll*

damage = *Schaden*
dance = *Tanz*
danger = *Gefahr*
dangerous = *gefährlich*
date = *Datum*
deal = *Angebot*
death = *Tod*
to decide = *(sich) entscheiden*
decision = *Entscheidung, Entschluss*
to defeat = *besiegen, schlagen*
to defend = *verteidigen*
to depart = *abreisen, wegfahren, abfahren*
departure = *Abfahrt, Abreise, Abflug*
to destroy = *zerstören*
detail = *Einzelheit, Detail*
to develop = *entwickeln*
development = *Entwicklung*
diary = *Tagebuch; Terminkalender*
difference = *Unterschied*
different = *verschieden, unterschiedlich; anders*
to disappear = *verschwinden*
disappointed = *enttäuscht*
disappointment = *Enttäuschung*
disaster = *Katastrophe, Unglück*
to discover = *entdecken*
disease = *Krankheit*
dishes = *Geschirr*
to divide = *auf-, unterteilen*
diving = *(das) Tauchen*
downstairs = *(nach) unten*
to draw = *zeichnen*
drawing = *(das) Zeichnen*
to dream = *träumen*
to dress = *sich anziehen*
to dry = *(ab)trocknen*
during = *während*
duty = *Zoll*

each = *jede(r, s)*
early (earlier, (the) earliest) = *früh*
to earn = *(Geld) verdienen*
electronics = *Elektronikindustrie*
employment = *Arbeit, Beschäftigung*
to end = *enden*
enemy = *Feind*
engineer = *Ingenieur(in), Techniker(in)*
to enjoy = *genießen, Spaß haben an, gern haben / tun*
enjoyable = *unterhaltsam; nett*
enormous = *riesig, enorm*
enough = *genug*
entertainment = *Unterhaltung, Darbietungen*
enthusiastic = *begeistert*
to escape = *entkommen; fliehen*
especially = *besonders*
essay = *Aufsatz, Essay*
even = *sogar, selbst*
ever = *je(mals)*
every = *jede(r, s)*
exam = examination = *Prüfung, Examen*
except = *außer*
excited = *aufgeregt, freudig erregt*
exciting = *aufregend*
excursion = *Ausflug, Exkursion*

exhibition = *Ausstellung*
to expect = *erwarten; annehmen, vermuten*
expert = *Fachmann, Experte/ Expertin*
to explain = *erklären, erläutern*

fact = *Tatsache*
factory = *Fabrik*
to fall (fell; fallen) = *fallen*
false = *falsch*
famous = *berühmt*
fantastic = *toll, phantastisch*
far = *weit*
fashion = *Mode*
fast = *schnell*
to fasten = *befestigen, festmachen; zumachen*
favour:
will you do me a favour? = *tust du mir einen Gefallen?*
favourite = *Lieblings-*
to feel (felt; felt) = *sich fühlen*
feeling = *Gefühl*
fence = *Zaun*
ferry = *Fähre*
to fetch = *holen*
few = *wenige*
a few = *ein paar, einige*
to fight (fought; fought) = *(be)kämpfen*
finally = *endlich, schließlich*
to finish (finishes) = *(be)enden, aufhören*
fire = *Feuer, Brand*
to fix = *befestigen*
flame = *Flamme*
flat = *Wohnung*
blocks of flats = *Mietshäuser, Wohnblocks*
flight = *Flug*
floor = *Fußboden*
flour = *Mehl*
to fly (flew; flown) = *fliegen*
fog = *(dicker) Nebel*
to follow = *folgen; verfolgen, nachfolgen*
foreign = *ausländisch; Fremd-*
foreigner = *Ausländer(in), Fremde(r)*
forest = *Wald*
to forget (forgot; forgotten) = *vergessen*
fortnight = *14 Tage*
fortunately = *glücklicherweise*
free = *kostenlos, Gratis-*
fridge = *Kühlschrank*
friendship = *Freundschaft*
to frighten = *erschrecken*
frightened = *erschrocken*
furious = *wütend*
furniture = *Möbel*

gate = *Tor*
to get (got; got) = *bekommen; holen; gelangen, (hin)kommen; werden*
the weather got worse = *das Wetter wurde schlechter*
to get in / on = *einsteigen*
to get off = *aussteigen*
girl-friend = *Freundin*
to give (gave; given) = *geben*
I had to give it up = *ich musste es aufgeben*
glad = *froh*
to go (went; gone) = *gehen; fahren*
grade = *Schulnote*
failing grades = *ungenügende Noten*
passing grades = *ausreichende Noten*
group = *Gruppe*
to grow (grew; grown) = *wachsen; anbauen, anpflanzen*
to guess = *(er)raten*

guest = *Gast*
guide = *Fahrplan; (Fremden-) Führer(in)*
guitar = *Gitarre*

hair = *Haar(e)*
to happen = *passieren*
harbour = *Hafen*
hard = *schwer; hart; heftig*
hardly = *kaum*
to hate = *hassen, gar nicht mögen*
headache = *Kopfschmerzen, Kopfweh*
headmaster = *Schulleiter, Rektor*
health = *Gesundheit*
healthy = *gesund*
to hear (heard; heard) = *hören*
heart = *Herz*
heating = *Heizung*
heavenly = *himmlisch*
hedge = *Hecke*
helpful = *hilfreich*
helpless = *hilflos*
hero = *Held*
to hide = *verstecken*
hill = *Hügel, (kleiner) Berg*
to hire = *einstellen*
historical = *historisch, alt*
to hit (hit; hit) = *treffen; schlagen*
to hold (held; held) = *halten*
 … holding on to Aunty Jane = *… und hielt sich an Tante Jane fest*
holiday = *Urlaub; Feiertag*
holidays = *Ferien, Urlaub*
hope = *Hoffnung*
to hope = *hoffen*
hopeless = *hoffnungslos*
hospital = *Krankenhaus*
hotel = *Hotel*
however = *jedoch*
huge = *sehr groß, riesig*
to hurry = *sich beeilen*
to hurt (hurt; hurt) = *verletzen*

idea = *Idee, Ahnung, Vorstellung*
if = *wenn, falls; ob*
immediately = *sofort*
immigrant = *Einwanderer, Einwanderin*
to improve = *besser werden*
to include = *enthalten, einschließen*
indeed = *in der Tat, tatsächlich*
independence = *Unabhängigkeit*
indoors = *(nach) drinnen, im Haus*
industrial = *industriell, Industrie-*
industry = *Industrie, Industriezweig*
 the tourist industry = *der Fremdenverkehr*
to inform = *informieren, unterrichten*
information = *Auskunft, Information(en)*
inside = *drinnen*
instead = *stattdessen*
to instruct = *anweisen, unterrichten*
instruction = *Anweisung, Anleitung*
interest = *Interesse*
interested = *interessiert*
 Mrs Brown is interested in … = *Frau Braun interessiert sich für …*
to invade = *einmarschieren, überfallen*
invasion = *Einmarsch, Invasion*
to invent = *erfinden*
invitation = *Einladung*
to invite (invited) = *einladen*
iron = *Eisen*
island = *Insel*

job = *Arbeit, Job, Beruf*
to join = *beitreten; sich anschließen*
joke = *Witz*
journey = *Reise, Fahrt*
jump = *Sprung*

7

to **k**eep (kept; kept) = *behalten, aufbewahren*
key = *Schlüssel*
kingdom = *Königreich*
knight = *Ritter*
to know (knew; known) = *wissen, kennen*

lake = *(ein) See*
language = *Sprache*
to last = *(an-, fort)dauern*
later = *später*
to lead (led; led) = *führen, leiten*
leader = *Führer(in), Leiter(in)*
leading = *führend*
to leave (left; left) = *verlassen; weggehen, wegfahren; (zurück)lassen*
legend = *Saga, Legende*
leisure = *Freizeit*
to lend = *(ver-, aus)leihen*
length = *Länge*
less = *weniger*
to let (let; let) = *(zu)lassen*
he let me help = *er ließ mich mithelfen*
library = *Bibliothek, Bücherei*
to lie (lay; lain) = *liegen*
life = *Leben*
lightning = *Blitz*
line = *Schlange (von Menschen); Leine; Linie*
litter = *Abfall, herumliegendes Papier*
lively = *lebhaft*
local = *örtlich, Orts-*
to lock = *ab-, zuschließen*
lonely = *einsam, verlassen*
look = *Blick*
loose = *locker, lose*
to lose (lost; lost) = *verlieren*
lovely = *schön, herrlich*
low = *niedrig*

map = *Stadtplan, Landkarte*
mark = *Note, Zensur*
market = *Markt*
to marry = *heiraten*
match = *Spiel, Wettkampf*
a rugby match = *ein Rugbyspiel*
to matter = *von Bedeutung sein, darauf ankommen*
meal = *Mahlzeit, Essen*
a school meal = *eine Schulmahlzeit*
to mean (meant; meant) = *bedeuten; meinen*
meat = *Fleisch*
to meet (met, met) = *(sich) treffen, (sich) kennen lernen; abholen*
meeting = *Treffen, Zusammenkunft; Besprechung*
meeting-place = *Treffpunkt*
menu = *Speisekarte*
to mind = *etwas dagegen haben*
to misunderstand = *missverstehen*
motorway = *Autobahn*
mountain = *Berg*
to move = *(um)ziehen; sich bewegen*

narrow = *eng, schmal*
national = *National-*
nationality = *Staatsangehörigkeit*
near = *in der Nähe von, nahe*
nearly = *fast, beinahe*
necessary = *nötig, notwendig*
to need = *brauchen, benötigen*
neighbour = *Nachbar(in)*
nervous = *ängstlich, nervös, aufgeregt*
news = *Nachricht(en), Neuigkeit(en)*
noise = *Geräusch, Lärm*
noisy = *laut, lärmend*
normally = *normalerweise, gewöhnlich*

7

note = *Notiz, Anmerkung*
to note down = *aufschreiben*
notice-board = *schwarzes Brett*
nurse = *Krankenschwester, Krankenpfleger(in); Kindermädchen*

of = *von*
a cup of tea = *eine Tasse Tee*
a few of the girls = *ein paar von den Mädchen*
a postcard of Brighton = *eine Postkarte von Brighton*
I'm dying of hunger = *ich sterbe vor Hunger*
proud of himself = *stolz auf sich*
off:
a few days off = *ein paar Tage frei*
the lights went off = *die Lichter gingen aus*
offer = *Angebot*
to offer = *(an)bieten*
often = *oft*
oil = *Öl*
on = auf, an
he spends a lot on trips = *er gibt viel für Reisen aus*
on a trip = *auf einer Reise*
on Christmas Eve = *am Heiligabend*
on foot = *zu Fuß*
on her own = *allein*
on the bus = *im Bus*
on the right = *rechts, auf der rechten Seite*
once = *einmal*
at once = *sofort*
once a week = *einmal die Woche*
open = *offen, geöffnet, auf*
opinion = *Meinung*
opposite = *Gegenteil; gegenüber (liegend)*
orchestra = *Orchester*
order = *Reihenfolge; Befehl; Bestellung*
to order = *bestellen*
to organize = *organisieren, ordnen*
outside = *draußen*
to overtake = *überholen*
owner = *Besitzer(in)*

packet = *Paket, Päckchen, Schachtel; Packung*
pain = *Schmerz*
to paint = *malen; (an)streichen*
palace = *Schloss, Palast*
to park = *parken*
part = *Teil*
particular = *besondere(r, s)*
to pass = *(Zeit) vergehen; reichen*
passenger = *Passagier, Fluggast*
passport = *Pass*
path = *Pfad, Fußweg*
to pay (paid; paid) = *bezahlen*
peace = *Friede(n)*
peaceful = *friedlich, friedfertig*
pen-friend = *Brieffreund(in)*
people = *Menschen, Leute; Volk*
perhaps = *vielleicht*
person = *Mensch; Person*
photo = *Foto*
to photograph = *fotografieren*
photographer = *Fotograf*
piano = *Klavier*
to pick:
to pick up = *abholen*
piece = *Stück*
to plan = *planen, vorhaben*
plane = *Flugzeug*
plant = *Pflanze*
playground = *Spielplatz*
to point = *zeigen*
policeman (policemen) = *Polizist*
polluted = *verschmutzt*
pony-trekking = *Ponyreiten*
popular = *beliebt*
population = *Einwohnerzahl*
port = *Hafen*
possible = *möglich*

to post (a letter) = *Brief einwerfen*
postcard = *Postkarte*
powerful = *mächtig, stark*
practice = *Probe, Training*
to practise = *üben*
to prefer = *vorziehen, lieber mögen*
prescription = *(ärztliches) Rezept*
price = *(Kauf-) Preis*
 children under 16 half price = *Kinder unter 16 zum halben Preis*
pride = *Stolz*
prison = *Gefängnis*
prisoner = *Gefangene(r)*
prize = *Preis (Gewinn)*
probably = *wahrscheinlich*
product = *Erzeugnis, Gewinn*
profession = *Beruf*
programme = *Programm*
to promise = *versprechen*
proper = *richtig*
to protect = *(be)schützen*
proud = *stolz*
pub = *Kneipe, Lokal*
public = *Öffentlichkeit*
to pull = *ziehen*
purse = *Geldbeutel, Geldbörse*
to push = *stoßen, schieben*
pyjamas = *Schlafanzug, Pyjama*

quick = *schnell*
quiet = *still, ruhig, leise*
quite = *ziemlich; ganz*

race = *Rennen, (Wett-)Lauf*
railway = *Eisenbahn*
rather = *ziemlich*
 I'd rather = I would rather = *ich würde lieber*
real = echt, wirklich
reason = *Grund*
reasonable = *vernünftig*
to receive = *erhalten, bekommen*
recently = *vor kurzem, neulich*
record = *Rekord; Schallplatte*
to record = *aufnehmen, aufzeichnen*
to refuse = *sich weigern*
region = *Gegend, Gebiet, Region*
regular = *regelmäßig*
relation = *der / die Verwandte*
relaxing = *(das) Entspannen*
relieved = *erleichtert*
to remain = *bleiben*
to remember = *sich erinnern*
to rent = *mieten*
report = *Bericht*
to report = *berichten*
request = *Bitte*
rest = *Rest*
result = *Ergebnis, Resultat*
to return = *zurückkommen, zurückgehen*
rich = *reich*
to ride = *(in einem Zug) fahren; (Rad) fahren; (auf einem Pferd) reiten*
river = *Fluss*
road = *(Land-)Straße*
rock-climbing = *Klettern*
roll = *Brötchen*
roller-skate = *Rollschuh*
rough = *rauh, stürmisch*

royal = *königlich*
rule = *Herrschaft; Regel*
to run (ran; run) = *laufen*

sad = *traurig*
safe = *sicher, gefahrlos*
same:
 at the same time = *gleichzeitig*
 the same size = *die gleiche Größe*
to save = *(Zeit / Geld) sparen; retten*
scarf = *Schal, Halstuch*
science = *(Natur)Wissenschaft*
sea = *Meer*
season = *Jahreszeit*
seat-belt = *Sicherheitsgurt*

secretary = *Sekretär(in)*
to see (saw; seen) = *sehen*
to seem = *scheinen*
seldom = *selten*
to send = *schicken, senden*
sensible = *vernünftig*
separate = *getrennt*
serious = *ernst(haft)*
shabby = *schäbig*
to share = *teilen*
to shoot (shot; shot) = *schießen*
shop-assistant = *Verkäufer(in)*
shopkeeper = *Ladeninhaber*
short = *kurz*
to show (showed; shown) = *zeigen*
shower = *Dusche*
sick = *krank*
  I felt sick = *mir war übel*
sight = *Sehenswürdigkeit*
sightseeing = *Besichtigungen*
sign = *Zeichen; Schild*
silence = *Stille, Ruhe, Schweigen*
silk = *Seide*
silver = *Silber*
similar = *ähnlich*
simple = *einfach*
since = *seitdem; seit*
to sink (sank; sunk) = *sinken, untergehen*
site:
  building site = *Baustelle*
  picnic site = *Rastplatz*
situation = *Lage, Situation*
size = *Größe*
skate = *Schlittschuh*
to skate = *Schlittschuh laufen*
skater = *Schlittschuhläufer(in)*
  skating rink = *Eisbahn*
skiing = *(das) Skilaufen*
slow = *langsam*
to smell = *riechen*
to smile = *lächeln*
soap = *Seife*
soon = *bald*
to sound = *klingen, sich anhören*
soup = *Suppe*
to speak (spoke; spoken) = *sprechen*
special = *besondere(r, s)*
speed = *Geschwindigkeit*
to spend (spent; spent) = *(Zeit) verbringen; (Geld) ausgeben*
spending-money = *Taschengeld*
stairs = *Treppe*
to stand (stood; stood) = *stehen*
to start = *anfangen, beginnen*
stay = *Aufenthalt*
to stay = *bleiben; übernachten, wohnen*
steel = *Stahl*
steelworks = *Stahlwerk(e)*
steep = *steil*
still = *noch*
stomach = *Magen, Bauch*
stone = *Stein*
stormy = *stürmisch*
story = *Geschichte, Erzählung*
straight = *gerade*
strange = *seltsam*
stranger = *Fremde(r)*
to stress = *betonen*
strict = *streng*
to study = *lernen*
studying = *das Lernen*
stupid = *dumm, blöd*
subject = *Fach*
suburb = *Vorort, Randbezirk*
such = *solche (r, s)*
suddenly = *plötzlich*
to suggest = *vorschlagen*
suggestion = *Vorschlag, Anregung*
suitcase = *Koffer*
summary = *Zusammenfassung*
to suppose = *annehmen, vermuten*
surprised = *überrascht*
surprising = *erstaunlich, überraschend*

to switch:
to switch off the lights = *das Licht ausschalten*
sword = *Schwert*

tablet = *Tablette*
to take (took; taken) = *(mit)nehmen*
the photographer took their picture = *der Fotograf machte ein Foto von ihnen*
to take a quick look = *sich schnell ansehen*
when a plane takes off = *wenn ein Flugzeug abhebt*
talk = *Gespräch, Unterhaltung*
to talk = *sich unterhalten, sprechen, reden*
to taste = *schmecken; probieren*
to teach (taught; taught) = *unterrichten, lehren, beibringen*
team = *Mannschaft*
tent = *Zelt*
terrible = *schrecklich, furchtbar*
terrific = *großartig, „Klasse"*
to thank = *sich bedanken bei*
thick = *dick*
to think (thought; thought) = *glauben, denken, meinen, finden*
ticket = *Fahrkarte, Fahrschein; Eintrittskarte*
tight = *fest*
timetable = *Fahrplan; Stundenplan*
tin-opener = *Dosenöffner*
tired = *müde*
together = *zusammen*
toothbrush = *Zahnbürste*
toothpaste = *Zahnpasta*
tour = *Tour, (Rund-)Reise, (Rund-)Fahrt*
a cycling-tour = *eine Fahrradtour*
towel = *Handtuch*
to tour = *besichtigen*
tourist:
a tourist attraction = *eine Touristenattraktion*
tourist information centre = *Fremdenverkehrsbüro*
tower = *Turm*
town = *Stadt*
town hall = *Rathaus*
trace = *Spur*
traffic = *Verkehr*
train = *(Eisenbahn-)Zug*
to transport = *befördern, transportieren*
to travel = *reisen, fahren*
trick = *Trick, Streich*
trip = *Reise, Fahrt*
typical = *historisch*
isn't that typical of him? = *ist das nicht typisch für ihn?*

unbelievable = *unglaublich*
umbrella = *Regenschirm*
uncomfortable = *ungemütlich, unbehaglich*
underground, Underground = *U-Bahn, Untergrundbahn*
to understand = *verstehen*
understanding = *Verständigung, Verständnis*
unemployment = *Arbeitslosigkeit*
unfortunately = *leider*
unhappy = *unglücklich, traurig*
to unite (united) = *(ver)einen*
university = *Universität*
unkind = *nicht nett, unfreundlich; gemein, lieblos*
to unload = *ausladen, abladen*
unnecessary = *unnötig*
until = *bis*
unusual = *ungewöhnlich*

7

up:
the child woke up = *das Kind wachte auf*
to call up = *anrufen*
to climb up = *hinaufsteigen*
to stay up = *aufbleiben*
up the Thames = *die Themse herauf*
upset = *mitgenommen, durcheinander, bestürzt, aufgeregt*
use = *Gebrauch, Benutzung*
to use = *benutzen*
useful = *nützlich, brauchbar*
usual = *gewöhnlich, üblich*

to vacuum = *(Staub) saugen*
valley = *Tal*
vegetable = *Gemüse*
village = *Dorf*
visitor = *Besucher(in), Gast*

wages = *(Arbeits-)Lohn*
waiter = *Kellner, Ober*
to wake (woke; woken) = *aufwachen, erwachen*
walk = *Spaziergang*
wall = *Mauer; Wand*
to want = *wollen*
war = *Krieg*
to watch = *ansehen; zusehen; aufpassen*
waterfall = *Wasserfall*
way = *Art und Weise; Weg*
by the way = *übrigens, nebenbei (bemerkt)*
on the way back = *auf dem Rückweg*
to wear = *(Kleider) tragen, anhaben*
weekday = *Wochentag*
to weigh = *wiegen*
welcome = *willkommen*
to welcome = *willkommen heißen, begrüßen*

well-known = *bekannt*
what = *was; was für …*
what a pity! = *wie schade!*
what about …? = *wie steht's mit …?*
what else? = *was sonst?*
whatever = *was (auch) immer*
wheel = Rad *(am Fahrrad, Auto usw.)*
when = *wenn; wann; als*
wildlife = *Tierwelt*
to win (won; won) = *gewinnen*
windsurfing = *(das) Windsurfen*
wine = *Wein*
winner = *Gewinner(in)*
within = *innerhalb*
without = *ohne*
to wonder = *sich wundern; sich fragen, überlegen*
wonderful = *wunderbar*
wood = *Holz*
wooden = *hölzern, Holz-*
wool = *Wolle*
working:
working conditions = *Arbeitsbedingungen*
working parents = *berufstätige Eltern*
world = *Welt*
worried = *besorgt, beunruhigt*
to worry = *sich Sorgen machen*

yet = *noch nicht*
I haven't had my breakfast yet = *ich habe noch nicht gefrühstückt*
youth = *Jugendliche(r)*
the youth hostel = *die Jugendherberge*
youth exchange = *Jugendaustausch*

Englisch
8. Schuljahr

Inhaltsverzeichnis — Englisch 8. Schuljahr

Nomen und Artikel

1. Die Pluralformen des Nomens

The plural forms of nouns

Plural auf -*s*

Singular	Plural	
workshop bank	workshops banks	Der Plural der Nomen wird in der Regel durch das Anhängen eines -*s* gebildet.
 storm bee president village	 storms bees presidents villages	**Aussprache:** – [z] nach stimmhaften Konsonanten *(b, d, g, l, m, n, r, v)* und nach Vokalen – [s] nach stimmlosen Konsonanten *(p, t, k ...)* – [iz] nach Zischlaut + stummem End -*e*
 address tax scarf wife penny holiday	 addresses taxes scarves wives pennies holidays	**Achtung:** – Nomen, die auf einen Zischlaut enden *(s, z, x ...)* fügt man ***-es*** hinzu; Aussprache: [iz]. – Bei Nomen auf -*f* oder -*fe* bildet man den Plural mit ***-ves***. – Nach einem Konsonanten wird -*y* zu ***-ies***; nach einem Vokal bleibt -*y* vor der Endung -*s* erhalten.

Plural von zusammengesetzten Nomen

Singular	Plural	
hot dog traffic jam	hot dogs traffic jams	Bei zusammengesetzten Nomen hängt man das Plural-*s* an das **Grundwort**.

Andere Pluralformen

Singular	Plural	
child man fish	children men fish	Bei einigen Nomen ist die Pluralbildung ganz unregelmäßig.

8

2. Der *s*-Genitiv und die *of-phrase*

The s-genitive and the of-phrase

s-Genitiv	
the Indian's arrow *der Pfeil des Indianers* the white people's attitude *die Haltung der Weißen* the tribes' religions *die Religionen der Stämme* Joseph's follower *Josephs Anhänger*	Der *s*-**Genitiv** wird verwendet, um etwas oder jemanden einer oder mehreren Personen zuzuordnen. Er steht **vor** dem Nomen, das er bestimmt.

***Of-phrase* + *s*-Genitiv oder Possessivpronomen**	
a follower of Joseph's (= one of Joseph's followers) *einer von Josephs Anhängern* *(= einer unter mehreren, nicht der einzige)*	***Of-phrase*** + ***s*-Genitiv** können zu einem doppelten Genitiv verbunden werden. Der doppelte Genitiv steht **hinter** seinem Bezugswort und hat eine andere Bedeutung als der vorangestellte, einfache *s*-Genitiv (vgl. oben *Joseph's follower*).
a scout of ours (= one of our scouts) *einer unserer Kundschafter*	***Of*** + **Possessivpronomen** *(mine, yours, hers ...)* kann auf die gleiche Weise wie *of-phrase* + *s*-Genitiv verwendet werden.

8

3. Die Artikel

The articles

Gebrauch des unbestimmten Artikels		
I couldn't find a nice café.	*Ich konnte kein schönes Café finden.*	Der unbestimmte Artikel ***a/an*** bezieht sich auf **nicht näher bestimmte** Personen oder Dinge.
She's an American. I'm a teacher. He drove 30 miles an hour. It was such a nice trip.	*Sie ist Amerikanerin.* *Ich bin Lehrer.* *Er fuhr 30 Meilen die Stunde.* *Es war solch eine schöne Reise!*	Er wird verwendet bei – Nationalitäten, – Berufen, – Zeit-, Maß- und Mengenangaben, – nach Wörtern wie *half, such, quite, as, rather* und *what.*

Gebrauch des bestimmten Artikels		
The game we saw was great.	*Das Spiel, das wir gesehen haben, war toll.*	Der bestimmte Artikel ***the*** weist auf **näher bestimmte** Personen oder Dinge hin.
The Meyers loved the USA. The Rocky Mountains are very famous. The Meyers were impressed by the Statue of Liberty. But they didn't like the Bronx.	*Familie Meyer liebte die USA.* *Die Rocky Mountains sind sehr berühmt.* *Die Meyers waren von der Freiheitsstatue beeindruckt.* *Aber die Bronx gefiel ihnen nicht.*	Er wird verwendet bei – Familien- und Ländernamen im Plural, – Gebirgen, Flüssen, Meeren und Meeresteilen, – Namen mit *of*, – einigen geographischen Namen und Gebäudenamen.

8

Nomen ohne und mit bestimmtem Artikel

ohne Artikel	mit Artikel	
Gas is cheap here. Life is hectic.	The water here is dirty because of the pollution.	**Stoffnamen und abstrakte Begriffe:** **ohne** Artikel: wenn sie im allgemeinen Sinn verwendet werden, **mit** Artikel: wenn sie näher bestimmt sind.
She always goes to church on Sundays. School is all day.	The old church was crowded. The school he goes to is far away.	**Institutionen:** **ohne** Artikel: wenn an den Zweck der Institution gedacht wird, **mit** Artikel: wenn eine bestimmte Kirche, Schule etc. gemeint ist
He goes to school by bus.	The bus he took yesterday was 10 minutes late.	**Verkehrsmittel:** **ohne** Artikel: wenn man an die Verkehrsverbindung allgemein denkt, **mit** Artikel: wenn ein bestimmtes Fahrzeug gemeint ist.
July is a good month for a visit. I like going out for dinner.	The July of 1994 was extremely hot. The dinner we had yesterday was delicious.	**Monate, Wochentage, Mahlzeiten:** **ohne** Artikel: wenn sie im allgemeinen Sinne verwendet werden, **mit** Artikel: wenn ein ganz bestimmter Monat, Wochentag oder eine ganz bestimmte Mahlzeit gemeint ist.

	Nomen ohne Artikel	
Nicholas wanted to see more of America.	*Nicholas wollte mehr von Amerika sehen.*	Generell **kein Artikel** steht bei – Eigennamen und Ländernamen im Singular,
Seaside is a small town.	*Seaside ist eine kleine Stadt.*	– Städtenamen,
Mount McKinley is higher than any German mountain.	*Der Mount McKinley ist höher als jeder deutsche Berg.*	– (einzelnen) Bergen,
Hawaii attracts a lot of tourists.	*Hawaii zieht viele Touristen an.*	– Inseln,
Everyone should visit Central Park.	*Jeder sollte den Central Park besuchen.*	– Parks, Seen, Plätzen und Straßen.

Pronomen und Begleiter

1. Personalpronomen und Possessivpronomen

Personal pronouns and possessive pronouns

Gebrauch der Personalpronomen		
We saw them running after him.	*Wir sahen, wie sie hinter ihm herliefen.*	Personalpronomen werden als **Subjekt** und **Objekt** eines Satzes und **nach Präpositionen** verwendet.

Gebrauch der Possessivpronomen		
My books and hers were there. My son and a friend of mine came.	*Meine Bücher und ihre waren dort.* *Mein Sohn und ein Freund von mir kamen.*	Possessivpronomen können **vor dem Nomen** oder **allein** stehen. Steht das Possessivpronomen allein und bezieht sich auf ein vorangehendes Nomen, wird eine besondere Form benutzt (vgl. auch S. 2, *of-phrase* + Possessivpronomen).

8

2. *Self*-Pronomen und *each other/one another*

Self-pronouns and each other/one another

Gebrauch der *self*-Pronomen		
He did it himself. She hurt herself.	*Er hat es selbst getan.* *Sie verletzte sich.*	Die *self*-Pronomen werden verwendet, – um das Subjekt hervorzuheben, – als Reflexivpronomen.

Gebrauch von *each other/one another*		
We helped each other.	*Wir halfen uns gegenseitig.*	Um auszudrücken, dass zwischen Personen eine **wechselseitige Beziehung** besteht, wird *each other* oder *one another* verwendet.

8

3. Unbestimmte Pronomen und Begleiter

Indefinite pronouns and determiners

Gebrauch von *some* und *any*

Some oder *any* stehen vor dem Nomen, wenn eine unbestimmte Menge oder Anzahl bezeichnet werden soll.		
Some Indians sell blankets.	*Einige Indianer verkaufen Decken.*	In **Aussagesätzen** wird das Wort ***some*** verwendet.
I haven't got any souvenirs. Did you buy any?	*Ich habe keine Souvenirs. Haben Sie welche gekauft?*	In **verneinten Sätzen** und **Fragen** wird ***any*** gebraucht.
Would you like to buy some blankets?	*Möchten Sie ein paar Decken kaufen?*	Handelt es sich bei der Frage jedoch um ein **Angebot** oder eine **Bitte,** benutzt man *some*.
Someone told me that. Do you know anything about it?	*Jemand hat es mir gesagt. Wissen Sie irgendetwas darüber?*	Die **Zusammensetzungen von *some* und *any*** werden nach dem gleichen Muster gebraucht wie ihre Grundwörter.

8

Gebrauch von ***a lot of*, *much* und *many***		
A lot of Indians are unemployed and a lot are alcoholics.	*Viele Indianer sind arbeitslos und viele sind Alkoholiker.*	***A lot of*** oder ***lots of*** kann man für Nomen im Singular und im Plural verwenden. *Of* wird weggelassen, wenn das Nomen nicht wiederholt wird.
There isn't much money to create jobs.	*Es ist nicht viel Geld da, um Arbeitsplätze zu schaffen.*	***Much*** wird bei nicht zählbaren Nomen (z. B. Stoffbezeichnungen) im Singular benutzt.
Are there many possibilities?	*Gibt es viele Möglichkeiten?*	***Many*** gebraucht man bei Nomen im Plural.
Indians have a lot of problems. But they don't get much help.	*Indianer haben viele Probleme.* *Aber sie bekommen nicht viel Hilfe.*	**Achtung:** In **bejahten Sätzen** gebraucht man vorwiegend *a lot of* oder *lots of*. In **Fragen** und **verneinten Sätzen** werden dagegen meist *much* und *many* verwendet.

8

Gebrauch von *a little*, *a few* und *several*

All of us need a little patience.	*Wir alle brauchen ein wenig Geduld.*	*(A)* ***little*** verwendet man bei nicht zählbaren Nomen (z. B. Stoffbezeichnungen) im Singular.
With a few good ideas a lot can be done.	*Mit ein paar guten Ideen kann viel getan werden.*	*(A)* ***few*** gebraucht man bei Nomen im Plural.
Several decisions must be made. Several of them cost a lot of money.	*Mehrere Entscheidungen müssen getroffen werden.* *Einige von ihnen kosten viel Geld.*	***Several*** kann man verwenden – mit oder ohne Nomen, – vor einer *of-phrase*.

Gebrauch von *every*, *each* und *any*

Every human being should protect the environment.	*Jeder Mensch sollte die Umwelt schützen.*	***Every*** bezeichnet **jeden ohne Ausnahme.** Es kann nur mit einem Nomen verwendet werden.
Each of us can do something to help. We each have the responsibility.	*Jeder von uns kann irgendetwas tun, um zu helfen.* *Jeder von uns trägt die Verantwortung.*	***Each*** betont, dass **jeder Einzelne** aus der Gruppe gemeint ist. Häufig steht es vor einer *of-phrase*. *Each* kann sich auch auf ein vorangehendes Nomen oder Pronomen beziehen.
You can start any time.	*Man kann zu jeder Zeit damit anfangen.*	In Aussagesätzen, in denen **irgendeine Person oder Sache** gemeint ist, verwendet man ***any***.

8

Gebrauch von *all, all the, no* und *none*

Not all Indians want to live on a reservation.	*Nicht alle Indianer wollen in einem Reservat leben.*	***All* ohne Artikel** bezeichnet alles/alle aus einer **nicht begrenzten** Anzahl oder Menge.
Not all the Navajo children go to their own schools.	*Nicht alle Navajo Kinder besuchen ihre eigenen Schulen.*	***All the*** bezeichnet alles/alle aus einer **begrenzten** Anzahl oder Menge.
No parent should force them.	*Kein Elternteil sollte sie dazu zwingen.*	***No*** steht immer vor einem Nomen.
But none (of them) finds it easy to go.	*Aber keins von ihnen findet es leicht hinzugehen.*	***None*** gebraucht man, wenn ein Nomen nicht wiederholt werden soll. *None* steht auch vor einer *of-phrase*.

Gebrauch von *both, either* und *neither*

Both boys are Indians. **The two** boys have a lot of plans.	*Beide Jungen sind Indianer.* *Die beiden Jungen haben viele Pläne.*	***Both*** ist immer betont und steht **nie** nach dem bestimmten Artikel. **Achtung:** Das unbetonte „die beiden" / „die zwei" wird als ***the two*** übersetzt!
Either could leave tomorrow.	*Einer (von beiden) könnte morgen weggehen.*	***Either*** bezeichnet **irgendeinen** von beiden.
Neither wants to stay.	*Keiner will bleiben.*	***Neither*** bezeichnet **keinen** von beiden.

Adjektive und Adverbien

1. Der Gebrauch von Adjektiven und Adverbien

The use of adjectives and adverbs

Gebrauch von Adjektiven		
They're good friends. He's a good rider. The trail is narrow. He feels good. You look funny.	*Sie sind gute Freunde.* *Er ist ein guter Reiter.* *Der Pfad ist schmal.* *Er fühlt sich gut.* *Du siehst lustig aus.*	Adjektive beschreiben ein **Nomen** näher und beantworten die Frage: Wie **ist** jemand oder etwas? Sie stehen – vor dem Nomen, – nach den Verben *be, get* und *become*, – nach einem Verb der Sinneswahrnehmung (*look, smell, taste, sound, feel* und *seem*), wenn **Eigenschaften des Subjekts** beschrieben werden sollen.
They look at her nervously.	*Sie sehen sie nervös an.*	**Achtung:** Wenn jedoch das Verb, also eine **Tätigkeit** näher beschrieben werden soll, folgt dem Verb der Sinneswahrnehmung das **Adverb!**

8

Gebrauch von Adverbien der Art und Weise	
It happened fast.	*Es passierte schnell.*
She screamed loudly and hit the ground hard.	*Sie schrie laut auf und schlug hart auf dem Boden auf.*
Adverbien beschreiben ein **Verb** näher und beantworten die Frage: Wie **tut** jemand etwas? Sie stehen oft direkt nach dem Verb, jedoch im Gegensatz zum Deutschen **nie zwischen Verb und Objekt!**	

2. Die Steigerung von Adjektiven und Adverbien

The comparison of adjectives and adverbs

<table>
<tr><td colspan="2"></td><td colspan="2">Formen</td><td></td></tr>
<tr><td colspan="2">Grundform</td><td>1. Steigerungs-form</td><td>2. Steigerungs-form</td><td></td></tr>
<tr><td colspan="2">Adjektiv:
cold
kalt

Adverb:
hard
hart</td><td>colder
kälter

harder
härter</td><td>(the) coldest
der/die/das kälteste ..., am kältesten

(the) hardest
am härtesten</td><td>Einsilbige Adjektive und Adverbien werden durch das Anhängen der Endungen -er und -est gesteigert.</td></tr>
<tr><td colspan="2">Adjektiv:
boring
langweilig

Adjektiv:
popular
beliebt

Adverb:
slowly
langsam</td><td>more boring
langweiliger

more popular
beliebter

more slowly
langsamer</td><td>(the) most boring
der/die/das langweiligste ..., am langweiligsten

(the) most popular
der/die/das beliebteste ..., am beliebtesten

(the) most slowly
am langsamsten</td><td>Mit more und most werden gesteigert:
– die meisten zweisilbigen Adjektive,
– alle Adjektive mit mehr als zwei Silben,
– alle Adverbien auf -ly.</td></tr>
<tr><td>Adj.

good
bad
much
many/
a lot of</td><td>Adverb

well
badly
much/
a lot</td><td>

better
worse
more</td><td>

(the) best
(the) worst
(the) most</td><td>Einige Adjektive und Adverbien haben unregelmäßige Steigerungsformen.</td></tr>
</table>

8

Gebrauch	
America isn't as big as Canada.	*Amerika ist nicht so groß wie Kanada.*
Americans play baseball better than rugby.	*Amerikaner spielen besser Baseball als Rugby.*
English is the most important language in the world.	*Englisch ist die wichtigste Sprache auf der Welt.*

Steigerungsformen von Adjektiven und Adverbien werden hauptsächlich in **Vergleichssätzen** gebraucht.

3. Das Stützwort *one/ones* beim Adjektiv

The prop word 'one'/'ones' with adjectives

Gebrauch	
They collect cups, especially old ones.	*Sie sammeln Tassen, besonders alte.*

Im Englischen **muss** ein Adjektiv durch das Stützwort ***one*** (Singular) oder ***ones*** (Plural) ergänzt werden, wenn man ein zählbares Nomen nicht wiederholen will.

Das Verb und seine Ergänzungen

1. Verben mit zwei Objekten

Verbs with two objects

indirektes Objekt vor direktem Objekt		
indirektes Objekt	**direktes Objekt**	
She gave her son	a token for the subway.	Viele Verben haben zwei Objekte: ein direktes Objekt (meist ein Sachobjekt) und ein indirektes Objekt (meist ein Personenobjekt). Gewöhnlich steht das indirekte Objekt vor dem direkten Objekt (= **Person vor Sache**).
He told us	an exciting story.	

direktes Objekt vor indirektem Objekt		
direktes Objekt	**indirektes Objekt**	
		Das Personenobjekt steht allerdings **hinter** dem Sachobjekt, wenn
He handed his hot dog	to the old man!	– das Personenenobjekt betont werden soll,
We bought a present	for our friends in Germany.	– das Personenobjekt lang ist,
We sent it	to them.	– beide Objekte Pronomen sind. **Achtung:** In diesen Fällen muss das Personenobjekt mit *to* (oder *for*) angeschlossen werden!
I explained the way	to the stranger.	Nach bestimmten Verben wie *say, explain, describe, introduce, report, suggest* ... muss das Personenobjekt **immer mit *to*** angeschlossen werden und steht normalerweise hinter dem Sachobjekt.

8

2. Verben mit adverbialen Ergänzungen

Phrasal verbs

	Bildung	
She tried on some caps. Then she waited for the salesclerk.	*Sie probierte einige Mützen an.* *Dann wartete sie auf die Verkäuferin.*	*Phrasal verbs* nennt man Verben, die fest mit einer adverbialen Ergänzung *(away, back, down, off, on, out, together, up ...)* verbunden sind.

	Stellung im Satz	
He looked up the names of firms, and wrote their numbers down. Then he rang them up.	*Er schlug Firmennamen nach und schrieb ihre Nummern auf.* *Dann rief er sie an.*	Folgt ein **Nomen** als direktes Objekt, kann das Objekt vor oder nach der Ergänzung stehen. Handelt es sich um ein **Pronomen**, muss das Objekt **vor** der Ergänzung stehen.

8

3. Englische Verben anstelle deutscher Adverbien

English verbs instead of German adverbs

Gebrauch

Im Englischen werden häufig verbale Ausdrücke verwendet, wo im Deutschen Adverbien gebraucht werden.

Englisches Verb	Deutsches Adverb	
		Die verbalen Ausdrücke beschreiben
He likes flying. She hates travelling.	*Er fliegt gern.* *Sie reist sehr ungern.*	– Vorliebe und Abneigung: *like, love, hate, prefer doing s.th. ...,*
I'm sure to see it. We are likely to stop. I suppose she'll stay.	*Ich werde es sicher sehen.* *Wahrscheinlich werden wir aufhören.* *Sie wird vermutlich bleiben.*	– Gewissheit, Wahrscheinlichkeit oder Vermutungen: *be sure/certain/likely to do s.th., appear/seem to do s.th., suppose (that) ...,*
Go on playing. I used to play.	*Spiel weiter!* *Ich habe früher gespielt.*	– Fortdauer und frühere Gewohnheiten: *go on/keep (on) doing s.th., used to do s.th. ...,*
I'm afraid he's gone. I happen to know why.	*Er ist leider weg.* *Zufällig weiß ich warum.*	– Bedauern und Zufälligkeit: *be afraid/be sorry (that), happen to do s.th. ...*

Die Zeiten

1. *Present tense*

Gebrauch des *simple present* und des *present progressive*

She often plays volleyball. First she gets her gym clothes, then she gets dressed. Most girls like volleyball.	*Sie spielt oft Volley-ball.* *Zuerst holt sie ihre Sportkleidung, dann zieht sie sich an.* *Die meisten Mädchen mögen Volleyball.*	Das *simple present* bezeichnet – gewohnheitsmäßige Handlungen, – aufeinander folgende Handlungen, – Tatsachen, die allgemein gültig sind.
The children are watching TV at the moment.	*Die Kinder sehen gerade fern.*	Das ***present progressive*** beschreibt das, was man im Augenblick gerade tut.
Do you hear me? They know what they want to do. I like them very much.	*Hörst du mich?* *Sie wissen, was sie tun wollen.* *Ich mag sie sehr gern.*	**Achtung:** Einige Verben erscheinen grundsätzlich **nur in der *simple form***: *hate, hear, know, like, love, mean, see, think, understand, want* ... (siehe auch S. 28).

8

2. *Present perfect*

Gebrauch des *present perfect simple* und des *present perfect progressive*		
She's just arrived. I've never travelled to the USA.	*Sie ist gerade angekommen.* *Ich bin noch nie in die USA gereist.*	Das ***present perfect simple*** wird für Vorgänge oder Tätigkeiten verwendet, die in der Vergangenheit stattgefunden oder angefangen haben und deren Wirkung bis in die Gegenwart reicht. Bei der Verwendung des *present perfect simple* wird die **Wirkung** oder das **Ergebnis** der Handlung, nicht die Handlung selbst betont.
She's been working here for 10 years. They've been sitting there since 10 o'clock.	*Sie arbeitet seit 10 Jahren hier.* *Sie sitzen dort seit 10 Uhr.*	Das ***present perfect progressive*** bezeichnet Vorgänge oder Tätigkeiten, die in der Vergangenheit angefangen haben und noch nicht beendet sind oder gerade zu Ende gegangen sind. Die Betonung liegt hier auf dem **Ablauf** der Handlung.
We've had the farm for years.	*Wir haben die Farm seit Jahren.*	**Achtung:** Verben wie *have, be, know, belong* und *like* bezeichnen einen **Zustand** und werden **nur in der *simple form*** verwendet. (Siehe auch S. 28.)

3. *Past tense*

Bildung des *simple past*

I refused to pay. *Ich weigerte mich zu zahlen.* We lost. *Wir haben verloren.* He was nice. *Er war nett.* They were rude. *Sie waren unhöflich.*	Das *simple past* der regelmäßigen Verben wird gebildet aus dem **Infinitiv des Verbes + -*ed*.** Es gibt nur eine Form für alle Personen. Für jedes unregelmäßige Verb gibt es eine eigene Form. Auch sie ist für alle Personen gleich. **Ausnahme:** *to be* *(I/he/she/it)* ***was***; *(we/you/they)* ***were***.
She didn't understand why. *Sie verstand nicht warum.* She wasn't there. *Sie war nicht dort.* You weren't ill. *Du warst nicht krank.*	Verneinung: ***did*** **+** ***not*** **+ Infinitiv,** Kurzform: ***didn't*** **+ Infinitiv.** **Ausnahme:** *to be* ***was/were*** **+ not;** Kurzformen: ***wasn't/weren'***t.

Bildung des *past progressive*

He was reading a book. *Er las gerade ein Buch.* They were sitting in the dining-room. *Sie saßen gerade im Esszimmer.*	Das *past progressive* wird gebildet aus einer ***simple past*-Form von** ***to be*** **+ Partizip Präsens** (Partizip Präsens = Infinitiv + *-ing*). *(I/he/she/it) was* + Partizip Präsens; *(we/you/they) were* + Partizip Präsens.

8

Gebrauch des *simple past* und des *past progressive*

Last year Tom visited New York. First he walked to the Empire State Building, then he drove to Chinatown. He often took the subway.	*Letztes Jahr besuchte Tom New York. Zuerst spazierte er zum Empire State Building, dann fuhr er nach Chinatown. Er nahm häufig die U-Bahn.*	Das ***simple past*** bezeichnet in der Vergangenheit liegende – einmalige Handlungen, – aufeinander folgende Handlungen, – wiederholte, abgeschlossene Handlungen.
While he was visiting New York, his brother arrived in San Francisco. While we were working, they were travelling. When he left, it was raining and people were wearing raincoats.	*Als er New York besichtigte, kam sein Bruder in San Fransisco an. Als wir arbeiteten, reisten sie. Als er wegging, regnete es, und die Leute trugen Regenmäntel.*	Das ***past progressive*** verwendet man – um eine Handlung zu beschreiben, die in der Vergangenheit ablief, aber noch nicht abgeschlossen war, – für Handlungen, die gleichzeitig abliefen, – für Beschreibungen in Erzählungen.
While we were watching TV, someone came to the door. She was running downstairs, when she fell and broke her leg.	*Als wir fernsahen, kam jemand an die Tür. Sie rannte gerade die Treppe hinunter, als sie hinfiel und sich das Bein brach.*	Oft werden zwei Handlungen einander gegenübergestellt: Das ***past progressive*** beschreibt die Handlung, die gerade angefangen hatte, aber noch nicht zu Ende war. Das ***simple past*** bezeichnet die neu eintretende Handlung.

8

4. *Past perfect*

Bildung des *past perfect simple*	
It had already started to rain. *Es hatte schon angefangen zu regnen.* They'd never been there before. *Sie waren vorher noch nie da gewesen.*	Das *past perfect simple* wird gebildet aus ***had*** **+ Partizip Perfekt,** Kurzform: ***'d*** **+ Partizip Perfekt** (Partizip Perfekt = Infinitiv + *-ed*-Endung oder eine unregelmäßige Form).

Bildung des *past perfect progressive*	
He'd already been waiting for an hour. *Er hatte schon eine Stunde lang gewartet.*	Das *past perfect progressive* wird gebildet aus ***had*** **+** ***been*** **+ Partizip Präsens,** Kurzform: ***'d*** **+** ***been*** **+ Partizip Präsens** (Partizip Präsens = Infinitiv des Verbs + *-ing*-Endung).
They hadn't been working all afternoon when I called. *Sie hatten den ganzen Nachmittag nicht gearbeitet, als ich anrief.*	Verneinung: ***had*** **+** ***not*** **+** ***been*** **+ Partizip Präsens,** Kurzform: ***hadn't*** **+** ***been*** **+ Partizip Präsens.**
Had you been practising so much? *Hattest du so viel geübt?*	Frage: ***had*** **+ Subjekt +** ***been*** **+ Partizip Präsens.**

8

Gebrauch des *past perfect simple* und des *past perfect progressive*		
They'd left before we arrived.	*Sie waren weggegangen, bevor wir ankamen.*	Das ***past perfect simple*** bezeichnet Handlungen, die zu einem bestimmten Zeitpunkt in der Vergangenheit bereits **abgeschlossen waren.**
I'd been watching TV for 20 minutes when he called.	*Ich hatte seit 20 Minuten ferngesehen, als er anrief.*	Das ***past perfect progressive*** bezeichnet Handlungen, die zu einem bestimmten Zeitpunkt in der Vergangenheit angefangen hatten und bis zu diesem Zeitpunkt noch **andauerten.**
It was now 10 am and she'd been there since 9.	*Es war nun 10 Uhr morgens und sie war bereits seit 9 Uhr da.*	**Achtung:** Verben wie *be, know* und *belong* bezeichnen einen **Zustand** und werden daher **nicht in der Verlaufsform** verwendet. (Siehe auch S. 28.)

8

5. *Simple past* und *past perfect*

Simple past and past perfect

	Gebrauch	
I earned 10 dollars yesterday. They fought, lost and left.	*Ich verdiente gestern 10 Dollar.* *Sie kämpften, verloren und gingen weg.*	Das ***simple past*** bezeichnet abgeschlossene Ereignisse oder Handlungen in der Vergangenheit. Oft signalisieren Zeit angaben der Vergangenheit diese Zeitform.
He'd already eaten before you came. After she'd seen the film, she went home.	*Er hatte schon gegessen, bevor ihr kamt.* *Nachdem sie den Film gesehen hatte, ging sie nach Hause.*	Das ***past perfect*** bezeichnet einen Vorgang, der sich **vor** der Handlung im *past tense* ereignete.

8

6. *Past tense, present perfect* und *past perfect*

Past tense, present perfect and past perfect

	Gebrauch	
The Indians fought fiercely but they were beaten.	*Die Indianer kämpften hart, wurden aber geschlagen.*	Das ***simple past*** bezeichnet **abgeschlossene** Ereignisse oder Handlungen in der Vergangenheit.
Many battles have never been forgotten.	*Viele Schlachten wurden nie vergessen.*	Das ***present perfect*** wird für Handlungen der Vergangenheit verwendet, deren **Wirkung bis in die Gegenwart** reicht.
When the tribe surrendered, its people was suffering greatly.	*Als der Stamm aufgab, litt sein Volk sehr.*	Das ***past progressive*** benutzt man, um eine Handlung zu bezeichnen, die bereits in der Vergangenheit angefangen hatte, aber **noch nicht abgeschlossen war.**
Life on the reservation wasn't like the life they'd known before.	*Das Leben im Reservat war nicht wie das Leben, das sie vorher gekannt hatten.*	Das ***past perfect*** drückt die **Vorzeitigkeit** aus; das heißt, es bezeichnet Vorgänge, die sich **vor** einem bestimmten Zeitpunkt in der Vergangenheit ereigneten.

7. *Going to-future, will-future* und *present progressive*

Going to-future, will-future and present progressive

	Gebrauch	
I'm going to fly to L.A.! Here's my ticket.	*Ich fliege nach L.A! Hier ist mein Flugschein.*	Das ***going to-future*** beschreibt das, was jemand vorhat oder zu tun beabsichtigt.
We're eating at the drive-in restaurant tonight.	*Wir essen heute Abend im Drive-in-Restaurant.*	Das ***present progressive*** wird als Zeitform der Zukunft benutzt um auszudrücken, was jemand **in der näheren Zukunft** fest geplant oder mit jemandem vereinbart hat.
Stop. I'll help you. I think he'll do it. One day she'll be famous. She'll go when he comes, that is if he comes.	*Halt! Ich helfe dir.* *Ich denke, er wird es tun.* *Eines Tages wird sie berühmt sein.* *Sie wird gehen, wenn er kommt, d.h. falls er kommt.*	Das ***will-future*** beschreibt das, was in der Zukunft passieren wird. Es drückt – spontane Entschlüsse, – Vermutungen – oder Vorhersagen aus. – In *when*-Sätzen und in realen Bedingungssätzen steht im Allgemeinen das *will-future* im Hauptsatz, wenn im Nebensatz das *present tense* steht.

8. *Simple form* und *progressive form*

Simple form and progressive form

	Gebrauch	
simple form	progressive form	
She often plays tennis. Yesterday it got dark very early in the evening.	She is playing tennis at the moment. While he was going home, it was getting dark.	In der *simple form* **und** in der *progressive form* können stehen – Verben, die eine **Tätigkeit** ausdrücken: *play, read, go, work, eat …,* – Verben, die einen **Vorgang** ausdrücken: *become, grow, get …*
I see her. She liked him very much. They know they'll be late. It was 10 am and she'd been there for two hours.	— — — —	**Nur in der *simple form*** dürfen verwendet werden – Verben der **Sinneswahrnehmung:** *hear, see, notice …,* – Verben, die **Gefühle oder Wünsche** ausdrücken: *like, love, hate, want, wish …,* – Verben des **Wissens oder Meinens:** *know, think, mean, believe …,* – Verben, die einen **Zustand** ausdrücken: *be, have, belong …*

Das Passiv

1. Die Zeitformen des Passiv

The passive forms of the verb

Bildung

Das Passiv wird aus einer Form des Verbs ***to be*** + **Partizip Perfekt** gebildet. Bei der ***progressive form*** wird ***being*** zwischen die Form von *to be* und das Partizip Perfekt eingefügt. Der Gebrauch der Zeiten im Passiv entspricht dem der Zeiten im Aktiv. In der *progressive form* werden allerdings nur die Passivformen des *present tense* und des *past tense* verwendet.

Simple present Black children aren't bused to other schools any more.	*Die Kinder von Schwarzen werden nicht mehr mit dem Bus zu anderen Schulen gefahren.*	– *simple present:* ***am/is/are*** + **Partizip Perfekt** (Partizip Perfekt = Infinitiv + *-ed* oder eine unregelmäßige Form)
Present progressive Less and less is being done now for blacks.	*Es wird jetzt immer weniger für Schwarze getan.*	– *present progressive:* ***am/is/are*** + ***being*** + **Partizip Perfekt**
Simple past In the sixties people were killed in riots.	*In den Sechzigern wurden Menschen bei Unruhen getötet.*	– *simple past:* ***was/were*** + **Partizip Perfekt**
Past progressive While blacks were being segregated, there was no peace.	*Solange Schwarze abgesondert wurden, gab es keinen Frieden.*	– *past progressive:* ***was/were*** + ***being*** + **Partizip Perfekt**
Present perfect Much injustice has been done.	*Viel Unrecht ist geschehen.*	*Present perfect:* ***have/has*** + ***been*** + **Partizip Perfekt**
Will-future One day the battle will be won.	*Eines Tages wird der Kampf gewonnen werden.*	*Will-future:* ***will*** + ***be*** + **Partizip Perfekt**
Passive infinitive Racism can't be accepted.	*Rassismus kann nicht geduldet werden.*	*Passive infinitive:* ***be*** + **Partizip Perfekt**

8

2. Das Passiv mit und ohne *by*

The passive with and without ' by'

Gebrauch

Subjekt	Verb	Objekt	
Aktiv: People **Passiv:** Gospel music	 sing is sung.	 gospel music.	**Passiv ohne *by*:** Das Subjekt des Aktivsatzes, also der **Verursacher der Handlung,** bleibt im Passivsatz ungenannt, wenn er **unwichtig oder unbekannt** ist.
Aktiv: Gospel music **Passiv:** Soul singers	 has influenced have been influenced	 soul singers. ***by-agent:*** by gospel music.	**Passiv mit *by*:** Soll dagegen der Verursacher der Handlung **betont** werden, wird er im Passivsatz mit der Präposition *by* (als so genannter ***by-agent***) angefügt.

8

3. Verben mit Präpositionen in Passivsätzen

The passive of verbs with prepositions

Bildung

Subjekt	Verb	Objekt	
Aktiv: People **Passiv:** The blues	 listen to is listened to.	 the blues.	Das Passiv kann auch von Verben gebildet werden, die mit einer Präposition verbunden sind. Wie im Aktivsatz werden **Verb und Präposition nicht voneinander getrennt.**

8

4. Das Passiv bei Verben mit zwei Objekten

Verbs with two objects in passive sentences

Subjekt	Verb	indirektes Objekt	direktes Objekt	Gebrauch
Aktiv: They	gave	the paper	the photos.	Bei Verben mit zwei Objekten gibt es zwei Möglichkeiten, den Aktivsatz in einen Passivsatz umzuwandeln: 1. Das **indirekte** Objekt wird zum Subjekt des Passivsatzes. 2. Das **direkte** Objekt wird zum Subjekt des Passivsatzes. In diesem Fall wird das **indirekte Objekt mit *to*** angeschlossen.
Passiv: The paper	was given		the photos.	
Passiv: The photos	were given	to the paper.		

Zum Thema „Verben mit zwei Objekten“ siehe auch Seite 16.

8

Die modalen Hilfsverben

1. *Can, could* und ihre Ersatzform *to be able to*

'Can', 'could' and their substitute 'to be able to'

	Formen	
Present tense Bears can smell but they aren't able to see well.	*Bären können riechen, aber sie können nicht gut sehen.*	*Present tense:* ***can(not)*** oder ***am/are/ is (+ not) + able to*** (Kurzform von *cannot = can't*)
Past tense I could answer the questions but he wasn't able to.	*Ich konnte die Fragen beantworten, aber er nicht.*	*Past tense:* ***could (+ not)*** oder ***was/were (+ not) + able to***
Present perfect We haven't been able to deliver yet.	*Wir haben noch nicht liefern können.*	*Present perfect:* ***have/has (+ not) + been able to***
Will-future She won't be able to compete.	*Sie wird nicht am Wettkampf teilnehmen können.*	*Will-future:* ***will (+ not)+ be able to*** (Kurzform von *will not be able to = won't be able to*).

	Gebrauch	
He's able to stand but he can't walk. We hope he'll be able to walk one day.	*Er kann stehen, aber er kann nicht laufen. Wir hoffen, er wird eines Tages laufen können.*	*Can, could* und ihre Ersatzform *to be able to* verwendet man, um eine **Fähigkeit** auszudrücken (im Deutschen: „können", „fähig sein zu"). In der Verneinung wird eine **Unfähigkeit** bezeichnet.

8

2. *May* und seine Ersatzform *to be allowed to*

'May' and its substitute 'to be allowed to'

	Formen	
Present tense We may talk here but you aren't allowed to smoke.	*Wir dürfen hier reden, aber Sie dürfen nicht rauchen.*	*Present tense:* ***may (+ not)*** oder ***am/ are/is (+ not) + allowed to***
Past tense I wasn't allowed to disagree.	*Ich durfte nicht anderer Meinung sein.*	*Past tense:* ***was/were (+ not) + allowed to***
Present perfect He's been allowed to hunt since he got his license.	*Er darf jagen, seitdem er seinen Jagdschein bekommen hat.*	*Present perfect:* ***have/has (+ not) + been allowed to***
Will-future We'll be allowed to take a rest soon.	*Wir werden bald eine Pause machen dürfen.*	*Will-future:* ***will (+ not) + be allowed to*** (Kurzform von *will not be allowed to = won't be allowed to*).

8

	Gebrauch	
They weren't allowed to express their opinions as children and they still aren't allowed to.	*Als Kinder durften sie ihre Meinung nicht äußern und sie dürfen es immer noch nicht.*	*May* und seine Ersatzform *to be allowed to* werden verwendet, um eine **Erlaubnis** auszudrücken (im Deutschen: „dürfen"). Die Verneinung gebraucht man, um ein **Verbot** auszusprechen.
You can look. But you mustn't touch anything!	*Du darfst gucken.* *Aber du darfst nichts anrühren!*	**Alternativen:** – Eine **Erlaubnis** kann im *present tense* auch mit ***can*** ausgedrückt werden. – Mit ***must not*** wird im *present tense* ein **stärkeres Verbot** ausgesprochen als mit *may not*.

3. *Must, need not* und ihre Ersatzform *to have to*

'Must', 'need not' and their substitute 'to have to'

	Formen	
Present tense You must listen when the others are singing but you needn't sing along.	*Du musst zuhören, wenn die anderen singen, aber du musst nicht mitsingen.*	*Present tense:* ***must*** oder ***have/has to;*** Verneinung: ***need not*** oder ***do/does + not + have to***
Past tense She had to go but he didn't have to.	*Sie musste gehen, aber er nicht.*	*Past tense:* ***had to;*** Verneinung: ***did not + have to***
Present perfect They've had to convince him.	*Sie haben ihn überzeugen müssen.*	*Present perfect:* ***have/has (+ not) + had to***
Will-future I'll have to wait. She won't have to leave.	*Ich werde warten müssen.* *Sie wird nicht weggehen müssen.*	*Will-future:* ***will (+ not) + have to;*** (Kurzform von *will not have to = won't have to*).

	Gebrauch	
We have to appear but we don't have to wear a uniform.	*Wir müssen erscheinen, aber wir brauchen keine Uniform zu tragen.*	*Must* und seine Ersatzform *to have to* werden verwendet, um eine **Notwendigkeit** auszudrücken.
The others didn't have to either yesterday.	*Die anderen brauchten es gestern auch nicht.*	Die verneinten Formen *need not* und *not to have to* sagen aus, dass **keine Notwendigkeit** besteht.

4. *Will you?/Would you?*

	Gebrauch	
Will you open the door (please)? Would you stop please?	*Öffnest du (bitte) die* Tür? *Würdest du bitte aufhören?*	Bei Fragen mit *will you?* oder *would you?* handelt es sich um eine **Aufforderung** oder eine **Bitte**.

5. *Shall I?/Shall we?*

	Gebrauch	
Shall we discuss it?	*Sollen wir es besprechen?*	Fragen mit *shall I?* oder *shall we?* verwendet man, um ein **Angebot** oder einen **Vorschlag** zu machen.

6. *Should/ought to*

	Gebrauch	
He shouldn't smoke. You ought to stop smoking!	*Er sollte nicht rauchen.* *Du solltest aufhören zu rauchen!*	*Should (not)* und *ought (not) to* drücken einen **Rat**, eine **Ermahnung** oder eine **Verpflichtung** aus. *Ought to* wirkt strenger als *should*.

8

7. *May/might*

	Gebrauch	
I may not win. She might even play.	*Es kann sein, dass ich nicht gewinne.* *Sie könnte sogar spielen.*	*May (not)* und *might (not)* können eine **Möglichkeit** ausdrücken. Bei *might* ist diese weniger wahrscheinlich.

Zu *may* im Sinne von „dürfen“ siehe S. 35.

8

Der Infinitiv

1. Der Infinitiv mit *to*

The infinitive with 'to'

		Gebrauch nach bestimmten Wortgruppen
I choose to ignore it. We managed to carry on.	*Ich ziehe vor, es zu ignorieren.* *Wir haben es geschafft, weiterzumachen.*	Der Infinitiv mit *to* steht **nach bestimmten Verben:** *agree, arrange, choose, decide, expect, forget, hope, learn, manage, offer, promise, refuse, seem, try, want, wish.*
He wanted them to pay cash. She told us not to go.	*Er wollte, dass sie bar bezahlen.* *Sie sagte uns, dass wir nicht gehen sollten.*	**nach bestimmten Verben + Objekt:** *advise, allow, encourage, expect, force, help, invite, would like, remind, teach, tell, want, warn.*
I'd hate to move.	*Ich würde äußerst ungern umziehen.*	**nach *would like/love/hate***
It's hard to forgive.	*Es ist schwer, zu verzeihen.*	**nach Adjektiven**
It's time for the boys to leave.	*Es ist an der Zeit, dass die Jungen abfahren.*	**nach *for* + Nomen/Pronomen**
I didn't know what to do.	*Ich wusste nicht, was ich tun sollte.*	**nach Fragewörtern** (in indirekten Fragen)

8

Gebrauch als Subjekt

To say this isn't easy.	*Dies zu sagen, ist nicht einfach.*	Der Infinitiv mit *to* kann **als Subjekt** gebraucht werden.

Gebrauch anstelle von Nebensätzen

Nebensatz	**Infinitiv mit *to***	
The work which must be done is lying there. Has he found anything (which) he could read?	The work to be done is lying there. Has he found anything to read?	Die Infinitivkonstruktion mit *to* kann einen **Nebensatz** (meist einen Relativsatz) **mit modalem Hilfsverb** nach einem Nomen oder nach *somebody, anything* ... ersetzen.
He was the first who arrived. I was the only student who didn't ask.	He was the first to arrive. I was the only student not to ask.	Die Infinitivkonstruktion mit *to* kann einen **Relativsatz nach *the first, the last, the next* oder *the only* + Nomen / *one*** ersetzen.

8

2. Der Infinitiv ohne *to*

The infinitive without 'to'

Gebrauch nach *let* / *make* + Objekt

They let us sleep longer. They don't make us help with the cooking.	*Sie lassen uns länger schlafen. / Sie erlauben uns, länger zu schlafen.* *Sie zwingen uns nicht, beim Kochen zu helfen.*	Der Infinitiv ohne *to* steht nach – ***let*** **+ Objekt** (im Deutschen: „jemandem erlauben, etwas zu tun"), – ***make*** **+ Objekt** (im Deutschen: „jemanden dazu bringen/zwingen, etwas zu tun").

Gebrauch nach Verben der Sinneswahrnehmung + Objekt

Did you hear her cry for help?	*Hast du gehört, dass sie um Hilfe schrie?*
I even saw it attack her.	*Ich habe sogar gesehen, wie es sie angegriffen hat.*
We watched the ranger shoot.	*Wir sahen den Aufseher schießen.*

Der Infinitiv ohne *to* steht außerdem nach **Verben der Sinneswahrnehmung + Objekt:** *feel, hear, notice, see, watch ...*
Der Infinitiv drückt hier aus, dass der Vorgang abgeschlossen ist.
Im Deutschen verwendet man in diesem Fall meist Nebensätze mit „dass" oder „wie".

8

Das Gerundium

Bildung

Infinitiv	Gerundium	
to discuss to answer	discussing answering	Das Gerundium setzt sich aus dem **Infinitiv + *-ing*-Endung** zusammen.
to hire to lie to control	hiring lying controlling	**Rechtschreibung:** – Das stumme End-*e* entfällt, – *-ie* wird zu *-y*, – nach kurzem, betonten Vokal wird der Endkonsonant verdoppelt.

Das Gerundium wird auf die gleiche Art gebildet wie das Partizip Präsens, vgl. S. 44.

Gebrauch als Subjekt, Objekt oder prädikative Ergänzung

Rowing is fun. His hobby is camping. She can't stand fishing. But she likes swimming. I prefer playing tennis.	*Rudern macht Spaß.* *Sein Hobby ist Zelten.* *Sie kann Angeln nicht ausstehen.* *Aber sie schwimmt gern.* *Ich ziehe es vor, Tennis zu spielen.*	Das Gerundium kann im Satz stehen als – **Subjekt,** – **prädikative Ergänzung,** – **Objekt** nach bestimmten Verben: *avoid, begin, continue, enjoy, finish, hate, can't imagine, keep, like, love, (not) mind, miss, practise, prefer, quit, risk, can't stand, start, stop, suggest ...*

8

Gebrauch nach Präpositionen

Please keep on playing. I love country music. *Spiel bitte weiter! Ich liebe Countrymusik.*	Das Gerundium kann auch **nach Präpositionen** verwendet werden: – in Verbindung mit einem **Verb:** *keep on, carry on, dream of, give up, go on, look forward to, succeed in, talk about, think of, thank s.o. for …*
We're fond of eating good meals but we're tired of having fast food. *Wir essen gern gute Mahlzeiten, aber wir haben Fast Food satt.*	– in Verbindung mit einem **Adjektiv:** *fond of, afraid of, crazy about, different from, good/bad at, interested in, proud of, sorry for, tired/sick of, worried about …*
He's in danger of failing his year. *Er läuft Gefahr, dieses Jahr durchzufallen.*	– in Verbindung mit einem **Nomen:** *chance of, (in) danger of, difficulty in, reason for, have trouble in …*

Gebrauch als adverbiale Bestimmung

She got a detention for talking. *Sie musste dafür nachsitzen, dass sie geredet hatte.* In spite of coming too late, he still got there before the teacher. *Obwohl er zu spät kam, war er noch vor dem Lehrer da.*	Das Gerundium kann zusammen mit einer Präposition (*after, before, by, for, instead of, in spite of, without …*) **als adverbiale Bestimmung** gebraucht werden. Im Deutschen steht dafür meistens ein Nebensatz mit einer entsprechenden Konjunktion.

Gebrauch nach Redewendungen

How about driving to L.A.? It's worth seeing. *Wie wär's mit einer Fahrt nach L.A.? Es ist einen Besuch wert.*	Das Gerundium kann **nach bestimmten Redewendungen** stehen: *it's no use, it's worth, how about/what about …*

Die Partizipien

1. Partizip Präsens

Present participle

Infinitiv	Partizip Präsens	Bildung
to exist to interest	existing interesting	Das Partizip Präsens (*present participle*) setzt sich aus dem **Infinitiv + -*ing*-Endung** zusammen.
to love to lie to sit	loving lying sitting	**Rechtschreibung:** – Das stumme End-*e* entfällt, – *-ie* wird zu *-y*, – nach kurzem, betonten Vokal wird der Endkonsonant verdoppelt.

Das Partizip Präsens wird auf die gleiche Art gebildet wie das Gerundium, vgl. S. 42.

	Gebrauch als Adjektiv	
an interesting book This book is interesting.	*ein interessantes Buch* *Dieses Buch ist interessant.*	Das Partizip Präsens kann als **Adjektiv** verwendet werden, und zwar als – **Attribut** zum Nomen, – **prädikative Ergänzung.** Das Partizip Präsens hat aktive Bedeutung.

Gebrauch anstelle von Hauptsätzen	
2 Hauptsätze	**Partizip als Verbindungsglied**
He watched children. They were playing with each other.	He watched children playing with each other.
Mit Hilfe des Partizip Präsens können zwei Hauptsätze miteinander verknüpft werden.	

Gebrauch anstelle eines Relativsatzes	
Relativsatz	**Partizip**
He heard music which was coming from a loudspeaker.	He heard music coming from a loudspeaker.
Das Partizip Präsens kann notwendige Relativsätze ersetzen, in denen das Relativpronomen **Subjekt** ist. Es ersetzt aktive Verbformen des Relativsatzes.	

Zum Thema „notwendige Relativsätze“ siehe auch S. 53f.

8

2. Partizip Perfekt

Past participle

	Bildung	
Infinitiv	**Partizip Perfekt**	
to disappoint to interest to break	disappointed interested broken	Das Partizip Perfekt *(past participle)* setzt sich aus dem **Infinitiv + -*ed*-Endung** zusammen **oder** es hat eine **unregelmäßige Form.**
to calculate to worry to control	calculated worried controlled	**Rechtschreibung:** – Das stumme End-*e* entfällt vor *-ed*, – *-y* nach einem Konsonanten wird zu *-i* vor *-ed*, – nach einem kurzen Vokal wird der Endkonsonant vor *-ed* verdoppelt.

	Gebrauch als Adjektiv	
a disappointed student The student was disappointed.	*ein enttäuschter Schüler* *Der Schüler war enttäuscht.*	Das Partizip Perfekt kann als Adjektiv verwendet werden, und zwar als – **Attribut** zum Nomen, – **prädikative Ergänzung.** Das Partizip Perfekt hat passive Bedeutung.

8

Gebrauch anstelle von Hauptsätzen	
2 Hauptsätze	**Partizip als Verbindungsglied**
The children were throwing frisbees. They were once sold in the 1960s.	The children were throwing frisbees once sold in the 1960s.
Mit Hilfe des Partizip Perfekt können zwei Hauptsätze miteinander verknüpft werden.	

Gebrauch anstelle eines Relativsatzes	
Relativsatz	**Partizip**
He saw wonderful churches which had been built long ago.	He saw wonderful churches built long ago.
Das Partizip Perfekt kann notwendige Relativsätze ersetzen, in denen das Relativpronomen **Subjekt** ist. Das Partizip Perfekt ersetzt passive Verbformen.	

Zum Thema „notwendige Relativsätze“ siehe auch S. 53f.

Gebrauch nach *to have* + Objekt	
We don't have our mail sent on. *Wir lassen uns unsere Post nicht nachsenden.* He had his hair cut. *Er hat sich die Haare schneiden lassen.*	Das Partizip Perfekt wird auch in folgender Wendung gebraucht: ***have* + direktes Objekt + *past participle*** sagt aus, dass jemand veranlasst, dass etwas getan wird.
He had cut his hair. *Er hatte sich die Haare geschnitten.*	**Achtung:** *have* + Objekt + *past participle* darf nicht mit dem *present perfect* oder *past perfect* verwechselt werden!

Vergleiche auch den Gebrauch des Infinitivs nach *let* und *make*, S. 41.

8

3. Partizip Präsens und Partizip Perfekt

Present participle and past participle

Gemeinsamkeiten im Gebrauch

Present participle	*Past participle*	
a fascinating film The film was fascinating.	a damaged car The car was damaged.	*Present participle* und *past participle* können als **Adjektive** verwendet werden, und zwar sowohl als – **Attribut** zum Nomen – als auch als **prädikative Ergänzung.** Das *present participle* hat aktive, das *past participle* dagegen passive Bedeutung.
Finally he found him. He was lying under the bed. = Finally he found him lying under the bed.	He is eating a cooky. It is made of chocolate. = He is eating a cooky made of chocolate.	Mit Hilfe eines *present* oder *past participle* können **zwei Hauptsätze miteinander verknüpft** werden.
People who are fighting for freedom are very brave. = People fighting for freedom are very brave.	The car that was damaged in the accident was very expensive. = The car damaged in the accident was very expensive.	*Present participle* und *past participle* können **notwendige Relativsätze ersetzen,** in denen das Relativpronomen **Subjekt** ist. Das *present participle* ersetzt aktive Verbformen und das *past participle* passive Verbformen des Relativsatzes.

8

Der Satz

1. Die Wortstellung in Aussage- und verneinten Sätzen

Word order in affirmative and negative statements

Die Stellung von Subjekt, Verb und Objekt

		Subjekt	Verb	Objekt
Hauptsatz **Nebensatz**	 when	You you	must use are staying	little water in the park.
Hauptsatz **Nebensatz**	 where	There you	is can get	a center help.

Sowohl in Haupt- als auch in Nebensätzen steht die Wortstellung im Englischen fest: **Subjekt – Verb – Objekt.**

Achtung: Im Gegensatz zum Deutschen dürfen im Englischen **Verb und Objekt nie getrennt** werden!

Die Stellung von Orts- und Zeitangaben

Zeit	Subjekt	Verb	Objekt	Ort	Zeit
 Then	They they	left went	him	there to the camp.	at 12.

Orts- und Zeitangaben stehen in der Regel am Satzende.
Die **Orts**angabe steht dabei **vor** der **Zeit**angabe.
Die Zeitangabe kann auch am Satzanfang stehen.

8

Die Stellung von Adverbien		
He's never liked to fish. You will often see that. I didn't really want to go. She's never quiet.	*Er hat nie gern geangelt.* *Du wirst das oft sehen.* *Ich wollte wirklich nicht gehen.* *Sie ist nie ruhig.*	Die Adverbien *always, sometimes, usually, often, never, just, already, still, even, ever* und *really* stehen **vor dem Vollverb.** **Ausnahme:** Das Verb *to be* als selbstständiges Verb. Hier steht das Adverb **nach** dem Vollverb.
I haven't seen a bear yet.	*Ich habe noch keinen Bären gesehen.*	Die Adverbien *yet* und *before* stehen **am Satzende.**
He looked at us wildly. We slowly moved away. Luckily it wasn't too late.	*Er sah uns wild an.* *Wir gingen langsam weg.* *Glücklicherweise war es nicht zu spät.*	Adverbien der Art und Weise stehen – häufig **am Satzende,** – gelegentlich **vor dem Vollverb.** – Zur Betonung können sie auch **am Satzanfang** stehen.

8

2. Die Wortstellung in Fragen

Word order in questions

Fragen mit dem Fragewort als Subjekt			
Subjekt	**Verb**		
Who Whose ticket	offers is	rides? that?	Das Fragewort ist – Subjekt oder – Teil des Subjekts

Die Wortstellung im Fragesatz ist die gleiche wie im Aussagesatz (**Subjekt – Verb**), wenn das Fragewort Subjekt oder Teil des Subjekts ist. Diese Fragen werden nicht mit *to do* umschrieben.

Andere Fragesätze					
Fragewort	**Hilfsverb**	**Subjekt**	**Vollverb**		
When What — —	can does Do Is	we it you Sheila	start? cost? like going,	 him? too?	– Das Fragewort ist kein Subjekt – Fragen ohne Fragewort
Why —	**Vollverb** is Was	 the guide he		 angry? fit?	**Ausnahme:** Fragen mit *to be* im – *simple present* – *simple past*

In Fragen mit einem Fragewort, das nicht Subjekt ist und in Fragen ohne Fragewort lautet die Wortstellung so:
(Fragewort +) Hilfsverb + Subjekt + Vollverb.

Ausnahme: Das Vollverb ***to be*** benötigt im *simple present* und im *simple past* kein Hilfsverb bei der Bildung einer Frage.

8

3. Kurzsätze mit *so, neither* und *nor*

Short additions to statements with 'so', 'neither' and 'nor'

Aussagesatz	Kurzsatz	Gebrauch
He's relaxing. *Er ruht sich aus.* We've been here. *Wir sind hier gewesen.*	So am I. *Ich auch.* So has he. *Er auch.*	Kurzsätze mit *so* entsprechen deutschen Kurzsätzen mit „auch". Sie beziehen sich auf vorangehende **bejahte** Aussagesätze.
You can't go. *Du kannst nicht gehen.* I won't do it. *Ich werde es nicht tun.*	Neither/Nor can she. *Sie auch nicht.* Neither/Nor will we. *Wir auch nicht.*	Kurzsätze mit ***neither*** oder ***nor*** entsprechen deutschen Kurzsätzen mit „auch nicht". Sie beziehen sich auf vorangehende **verneinte** Sätze.
He isn't tired. *Er ist nicht müde.* She must go home. *Sie muss nach Hause gehen.* We helped them. *Wir halfen ihnen.* He loves flying. *Er fliegt sehr gern.*	Neither am I. *Ich auch nicht.* So must I. *Ich auch.* So did I. *Ich auch.* So does she. *Sie auch.*	**Achtung:** – Das Subjekt wird im Kurzsatz nachgestellt: ***So/Neither/Nor* + Verb + Subjekt.** – Enthält der vorangehende Satz ein **Hilfsverb** (oder eine Form von *to be* als Vollverb), so steht dieses auch im Kurzsatz. – Enthält der vorangehende Satz **kein Hilfsverb**, wird das Vollverb durch eine Form von ***to do*** ersetzt.

8

4. Notwendige Relativsätze

Defining relative clauses

	Bezugswort	notwendiger Relativsatz
This is *Das ist*	the boy *der Junge,*	who has saved his friend's life. *der seinem Freund das Leben gerettet hat.*

Der notwendige Relativsätze macht klar, **welcher** Junge gemeint ist. Er ist für das Verständnis der Aussage „notwendig".
Im Gegensatz zum Deutschen steht zwischen Bezugswort und notwendigem Relativsatz **kein Komma**!

	Die Relativpronomen	
		Folgende Relativpronomen können einen notwendigen Relativsatz einleiten:
The squaws who waited had nothing.	*Die Squaws, die warteten, hatten nichts.*	– ***who*** bezieht sich auf eine oder mehrere **Personen;**
The treaty which was offered wasn't very generous.	*Der Vertrag, der angeboten wurde, war nicht sehr großzügig.*	– ***which*** bezieht sich auf eine oder mehrere **Sachen;**
The book that I read about the tribe that had lost was great.	*Das Buch, das ich über den Stamm, der verloren hatte, gelesen habe, war toll.*	– ***that*** bezieht sich auf eine oder mehrere **Personen oder Sachen;**
The people and places whose names haven't been forgotten are now history.	*Die Menschen und Orte, deren Namen nicht vergessen wurden, sind nun Geschichte.*	– ***whose* + Nomen** bezieht sich auf eine oder mehrere **Personen oder Sachen.**

8

Relativsätze ohne Relativpronomen		
The difficulties (that) the Indians had were countless. The department (which) they were dependent on didn't help.	*Die Schwierigkeiten, die die Indianer hatten, waren zahllos.* *Die Abteilung, von der sie abhängig waren, half nicht.*	Ist das Relativpronomen **Objekt** des Relativsatzes, wird es im Englischen – vor allem in der Umgangssprache – häufig weggelassen. Im Deutschen ist dies nicht möglich. Auch in Verbindung mit einer **Präposition** kann das Relativpronomen weggelassen werden.
The gold diggers who came didn't think of the Indians' problems.	*Die Goldgräber, die kamen, dachten nicht an die Probleme der Indianer.*	**Achtung:** Ist das Relativpronomen **Subjekt** des Relativsatzes, darf es **nicht** entfallen!

8

5. Bedingungssätze

Conditional sentences

Bedingungssätze bestehen immer aus einem *if*-Satz und einem Hauptsatz. Der *if*-Satz nennt die Bedingung. Der Hauptsatz drückt die Folge aus, die eintritt, falls die Bedingung erfüllt wird.
Bedingungssätze können mit dem *if*-Satz oder dem Hauptsatz beginnen. Steht der *if*-Satz zuerst, so wird er durch ein Komma vom Hauptsatz getrennt.

Typ I: Bedingungssätze mit dem *will-future* im Hauptsatz

	Gebrauch	
if*-Satz: *simple present	**Hauptsatz: *will-future***	
If she prepares the meal, *Wenn sie das Essen vorbereitet,* If he doesn't go to all the practices, *Wenn er nicht zu allen Trainingsstunden geht,*	she won't have enough time. *wird sie nicht genug Zeit haben.* they'll drop him. *werden sie ihn fallen lassen.*	Der *if*-Satz mit ***present tense*** drückt aus, dass es sich um eine **erfüllbare Bedingung** handelt. Der Hauptsatz mit ***will-future*** drückt die **Folge für die Zukunft** aus, die eintritt, falls die Bedingung erfüllt wird.
If it rains tomorrow, *Wenn es morgen regnet,*	we'll stay at home. *werden wir zu Hause bleiben.*	**Achtung:** Auch wenn sich die Bedingung auf die Zukunft bezieht: **Im *if*-Satz steht nie das *will-future*!**

8

Typ II: Bedingungssätze mit dem *conditional* im Hauptsatz

		Gebrauch
if-Satz: *past tense*	Hauptsatz: *conditional*	
If I earned enough money, *Wenn ich genug Geld verdienen würde,* If they didn't have a car, *Wenn sie kein Auto hätten,*	I'd buy a car. *würde ich ein Auto kaufen.* they wouldn't be happy. *wären sie nicht glücklich.*	Handelt es sich in dem *if*-Satz um eine Bedingung, deren Erfüllung **zweifelhaft** oder sogar **unmöglich** ist, so steht im ***if*-Satz** das ***simple past***. Im Hauptsatz wird die Folge ausgedrückt, die einträte, falls diese Bedingung doch noch erfüllt würde. Im **Hauptsatz** steht das ***conditional***. **Achtung:** **Das *conditional* steht nie im *if*-Satz!**
If I were you, *Wenn ich du wäre,*	I'd pick chemistry. *würde ich Chemie wählen.*	Bei dieser Redewendung wird immer die Form ***were*** von ***to be*** benutzt. Auch sonst kann bei *I, he, she,* und ***it were*** in *if*-Sätzen verwendet werden.

8

Typ III: Bedingungssätze mit dem *conditional perfect* im Hauptsatz

Bildung des *conditional perfect*		
They'd have called. You wouldn't have driven.	*Sie hätten angerufen.* *Du wärst nicht gefahren.*	Das *conditional perfect* wird gebildet aus ***would (not)* + *have* + Partizip Perfekt;** Kurzform: *'d (wouldn't)* + *have* + Partizip Perfekt (Partizip Perfekt = Infinitiv + *-ed* oder eine unregelmäßige Form).
She could have come. We should have left sooner. He might have done it.	*Sie hätte mitkommen können.* *Wir hätten früher wegfahren sollen.* *Er hätte es vielleicht getan.*	Anstelle von *would* können auch ***could, should*** und ***might*** verwendet werden. Die Bedeutung des Satzes ändert sich entsprechend.
They'd (= would) have come. They'd (= had) never been there before.	*Sie wären gekommen.* *Sie waren vorher noch nie da gewesen.*	**Achtung:** ***'d*** kann sowohl die Kurzform von *would* als auch von *had* sein!

8

	Gebrauch	
if-Satz: ***past perfect***	**Hauptsatz:** ***conditional perfect***	
If he hadn't laughed, *Wenn er nicht gelacht hätte,* If you hadn't paid attention, *Wenn du nicht aufgepasst hättest,* If she'd known, *Wenn sie es gewusst hätte,*	she wouldn't have been angry. *wäre sie nicht böse gewesen.* you'd have hit the car. *hättest du das Auto angefahren.* she'd have quit. *hätte sie aufgehört.*	Bezieht sich die Bedingung auf die Vergangenheit und kann deshalb **nicht mehr** erfüllt werden, so steht im ***if*-Satz** das ***past perfect***. Im **Hauptsatz** steht dann das ***conditional perfect*** um auszudrücken, was gewesen wäre, wenn die Bedingung in der Vergangenheit erfüllt worden wäre. **Achtung:** **Das *conditional perfect* steht nie im *if*-Satz!**
	Hauptsatz: ***conditional***	
If we hadn't seen the film then, *Wenn wir den Film damals nicht gesehen hätten,*	we'd now be at the movies. *säßen wir jetzt im Kino.*	Im **Hauptsatz** kann auch das ***conditional*** stehen um auszudrücken, was in der **Gegenwart oder Zukunft** geschehen würde, falls die Bedingung erfüllt worden wäre.

8

Bedingungssätze: zusammenfassende Übersicht

		Gebrauch
if-Satz = Bedingung	Hauptsatz = Folge	
If she starts now, *Wenn sie jetzt losgeht,*	she'll get the bus. *wird sie den Bus bekommen.*	Typ I **erfüllbare** Bedingung: *if*-Satz: ***present tense*** Hauptsatz: ***will-future***
If they had time, *Wenn sie Zeit hätten,*	they'd help you. *würden sie dir helfen.*	Typ II (wahrscheinlich) **nicht** erfüllbare Bedingung: *if*-Satz: ***past tense*** Hauptsatz: ***conditional***
If we hadn't left so soon, *Wenn wir nicht so früh weggegangen wären,*	we would have met him. *hätten wir ihn getroffen.*	Typ III **nicht mehr** erfüllbare Bedingung: *if*-Satz: ***past perfect*** Hauptsatz: ***conditional perfect***

8

Die indirekte Rede

1. Aussagen und Zeitengebrauch in der indirekten Rede

Statements and the use of tenses in reported speech

Bildung

direkte Rede	indirekte Rede	
Rose: "My mother comes from a small town. Her family still lives there. We've always liked visiting them."	Rose tells Kim (that) her mother comes from a small town. She adds (that) her family still lives there. She says that they've always liked visiting them.	Die indirekte Rede *(reported speech)* wird verwendet, wenn berichtet wird, was jemand sagt oder gesagt hat. Folgendes gilt es dabei zu beachten: – Zwischen dem einleitenden Hauptsatz und dem Nebensatz (der häufig mit *that* beginnt) steht **kein Komma.** – Die Konjunktion ***that*** kann weggelassen werden. – **Personal- und Possessivpronomen** werden dem Standpunkt des Berichterstatters angepasst.

Verb im Einführungssatz im *present tense*

direkte Rede	indirekte Rede	
Rose: "I like small towns."	Rose says that she likes small towns.	Wird die indirekte Rede durch ein Verb im ***present tense*** eingeleitet, wird die **gleiche Zeitform** verwendet wie in der direkten Rede.

8

Verb im Einführungssatz im *past tense*

direkte Rede	indirekte Rede	
		Wird die indirekte Rede durch ein Verb im ***past tense*** eingeleitet, so findet eine **Rückverschiebung der Zeiten** statt:
Kim: "I hate small towns. I'm moving.	Kim said (that) ... ... she hated small towns. ... she was moving.	*present tense* → *past tense*
I said goodbye.	... she had said goodbye.	*past tense* → *past perfect*
I've just packed.	... she had just packed.	*present perfect* → *past perfect*
We'll fly. I'm going to cry.	... they'd fly. ... she was going to cry.	*will-future* → *conditional* *going to-future* → *was/were going to* + Infinitiv
We may return.	... they might return.	*may* → *might*
I can't swim."	... she couldn't swim.	*can* → *could*
Kim: "I had hoped we wouldn't really move.	Kim said (that) ... ... she had hoped they wouldn't really move.	**Achtung:** Folgende Verbformen bleiben in der indirekten Rede **unverändert:** – *past perfect* – *would*
I could scream.	... she could scream.	– *could*
Rose should and might visit us."	... Rose should and might visit them.	– *should* – *might*

8

2. Fragen in der indirekten Rede

Questions in reported speech

Bildung		
direkte Rede	indirekte Rede	
Kim to her parents: "Why will we leave New York? Where will I go to school? Does Seaside have a high school? Why can't we stay in New York?"	Kim asked her parents ... ... why they would leave New York. ... where she would go to school. ... if Seaside had a high shool. ... why they couldn't stay in New York.	Für **indirekte Fragen** gelten folgende Regeln: – Die Wortstellung ist die gleiche wie im Aussagesatz: **Subjekt + Verb + Objekt.** – Steht in der direkten Rede ein Fragewort, so wird es in der indirekten Rede beibehalten. – Enthält die direkte Rede **kein Fragewort,** so wird die indirekte Frage durch ***if*** oder ***whether*** eingeleitet. – Der Zeitengebrauch ist in indirekten Fragen der gleiche wie in indirekten Aussagesätzen (vgl. S. 61).

3. Aufforderungen in der indirekten Rede

Commands in reported speech

Bildung		
direkte Rede	indirekte Rede	
Moving company: "Start early and don't worry. Plan your move well."	They tell you ... ... to start early and not to worry. They say (that) you should plan your move well.	Für **indirekte Aufforderungssätze** gilt Folgendes: – Sie werden durch Verben wie *tell, advise, warn* oder *order* eingeleitet. – Der Imperativ in der direkten Rede wird meist in einen **Infinitiv** mit ***(not) to*** umgewandelt. – Nach *say* und *suggest* benutzt man einen Nebensatz mit ***should*** oder ***ought to.***

8

4. Zeit- und Ortsangaben in der indirekten Rede

Expressions of time and place in reported speech

direkte Rede	indirekte Rede	Verschiebung der Zeit- und Ortsangaben
Kim in a letter to Rose: "I'm going to 3 beach parties this week. Dad may buy a second car next week."	Rose told her parents ... ... Kim was going to 3 beach parties that week. ... Kim's father might buy a second car the following week.	Wird in der indirekten Rede über etwas berichtet, das zeitlich weiter zurückliegt, so darf die Zeitangabe der direkten Rede **nicht** übernommen werden. Es erfolgt in diesem Fall eine **Verschiebung der Zeitangaben:** *today* → *that day* *tonight* → *that night* *this week* → *that week* *tomorrow* → *the following day/ the next day* *next week* → *the following week/ the next week* *yesterday* → *the day before* *last night* → *the night before* *a week ago* → *the week before*
Kim on the phone to Rose (9 am): "I'm going to the movies tonight.	Rose to her parents (10 am): Rose told me that she was going to the movies tonight.	**Achtung!** **Aber:** Auch wenn das einleitende Verb im ***past tense*** steht, werden die Zeitangaben **beibehalten,** wenn der in der direkten Rede genannte Zeitpunkt für den Berichterstatter **noch nicht vergangen** ist!
I love it here."	She said she loved it there.	Auch die **Ortsangaben** werden in der indirekten Rede dem Standpunkt des Berichterstatters angepasst. Dabei wird ***here*** meist zu ***there.***

8

Zahlen, Temperatur- und Zeitangaben

1. Zahlen

Numbers

		Besonderheiten
21 100 1,000 200 221 1,020	twenty-one a/one hundred a/one thousand two hundred two hundred and twenty-one a/one thousand and twenty	**Grundzahlen:** – Zwischen Zehnern und Einern steht ein Bindestrich. – Vor *hundred, thousand* und *million* steht immer der unbestimmte Artikel oder ein Zahlwort. Diese Zahlen erhalten kein Plural-*s*! – Bei Zahlen über 100 steht vor Einern und Zehnern *and*. – Ab Tausend werden im Englischen die jeweils letzten 3 Ziffern durch Komma abgetrennt. (Im Deutschen steht ein Zwischenraum oder ein Punkt: 1 020/1.020)
4th 11th 20th 30th 1st 2nd 3rd 31st	fourth eleventh twentieth thirtieth first second third thirty-first	**Ordnungszahlen:** – Ordnungszahlen werden in der Regel auf *-th* gebildet. – Bei den Zehnerzahlen von 20–90 wird *-y* vor *-th* in *-ie* umgewandelt. – *First, second* und *third* sind unregelmäßige Formen. Sie werden auch bei zusammengesetzten Ordnungszahlen gebraucht.
1.5	one point five	**Dezimalzahlen** werden im Englischen mit Punkt geschrieben. (Im Deutschen steht ein Komma: 1,5).

8

2. Temperaturangaben

Temperatures

10°C	ten degrees Centigrade/ Celsius	**Temperaturangaben** werden mit *Centigrade* oder *Celsius* ausgedrückt. *Centigrade* wird häufiger verwendet.

3. Zeitangaben

Expressions of time

Schreibung	Aussprache	
4 July 4th July July 4 July 4th	the fourth of July the fourth of July July the fourth July the fourth	Das **Datum** kann auf mehrere Arten geschrieben werden. Das Datum wird anders geschrieben als gesprochen. (Zur amerikanischen Schreibweise des Datums s. S. 67)
1799 1604	seventeen ninety-nine sixteen o-four	**Jahreszahlen** werden häufig in Zehnereinheiten gesprochen. Die Zahl Null wird bei Jahreszahlen ***o*** gesprochen.
6.30 11.49	six thirty eleven forty-nine	Bei **Uhrzeiten** werden oft nur die Grundzahlen genannt.

8

Besonderheiten des amerikanischen Englisch

1. Amerikanische Rechtschreibung

American spelling

American English (AE)	British English (BE)		
mom check specialty	mum cheque speciality	*Mami* *Scheck* *Spezialität*	Amerikaner schreiben einige Wörter anders als die Briten.
harbor program theater traveled practice	harbour programme theatre travelled practise	*Hafen* *Programm* *Theater* *reiste(n)* *üben*	Im Allgemeinen gilt: **AE** **BE** *-or* = *-our* *-m* = *-mme* *-er* = *-re* *-l* = *-ll* *-c* = *-s*

2. Amerikanische Aussprache

American pronunciation

American English (AE)	British English (BE)	
understand [r] after that [r] beautiful [d] butter [d] aunt [æ] holiday [ɑ:]	understand after that beautiful [t] butter [t] aunt [ɑ:] holiday [ɒ]	Amerikaner sprechen einige Laute anders aus als Briten: – Das *r* wird auch dort ausgesprochen, wo es im britischen Englisch stumm bleibt. – Ein *t* in der Mitte eines Wortes wird im amerikanischen Englisch oft als [d] gesprochen. – Auch einige Vokale werden anders ausgesprochen.

8

3. Amerikanisches Datum

American date

American English (AE)	British English (BE)	
11.23.98	23.11.98	Im amerikanischen Englisch wird das Datum in der Reihenfolge „**Monat, Tag, Jahr**" geschrieben.

4. Amerikanisches Geld

American money

Schreibung	Aussprache	
\$1.00/\$1 50¢ \$7.05	one dollar fifty cents seven dollars and five cents	Bei *dollars* wird das Währungszeichen **\$** vor der Zahl und bei *cents* wird **¢** nach der Zahl geschrieben. (Im britischen Englisch stehen die Währungszeichen an der gleichen Stelle: £7 = *seven pounds*, 30p = *thirty pence*.)

8

Rechtschreibung und Aussprache

1. Großschreibung

Capitalization

Last week we visited Disneyland. On Sundays in July Disneyland opens at 8. I spoke Spanish to the tourists from Mexico, German to the Swiss group and English to the tourists from London. After that I had to relax.	*Letzte Woche besuchten wir Disneyland. Sonntags im Juli öffnet Disneyland um 8. Ich sprach Spanisch mit den Touristen aus Mexiko, Deutsch mit der Schweizer Gruppe und Englisch mit den Touristen aus London. Danach musste ich mich ausruhen.*	Im Englischen werden **immer** großgeschrieben: – Satzanfänge – Eigennamen – Wochentage – Monate – Sprachen – Ländernamen – Staatsangehörigkeiten – Städtenamen – das Personalpronomen „ich"
The Disneyland Hotel is nearby.	*Das Disneyland Hotel ist in der Nähe.*	**Achtung:** Einige Nomen können als Eigennamen verwendet werden.

8

2. Der Apostroph

The apostrophe

	Gebrauch	
I'm (= am) thirsty and they're (= are) hungry.	*Ich bin durstig und sie sind hungrig.*	Der Apostroph wird in der Umgangssprache häufig zur Bildung von **Kurzformen** verwendet, und zwar bei: – *to be* im *present tense* (im *past tense* gibt es bei *to be* nur verneinte Kurzformen),
We've (= have) a restaurant nearby. They'd (= had) had lunch before they started.	*Wir haben ein Restaurant in der Nähe.* *Sie hatten Mittag gegessen, bevor sie losfuhren.*	– *to have* im *present* und *past tense*
She'd like to go to a restaurant.	*Sie würde gern in ein Restaurant gehen.*	– *would,*
They'll go.	*Sie werden gehen.*	– *will,*
But I mustn't go. My father doesn't like restaurants.	*Aber ich darf nicht gehen.* *Mein Vater mag keine Restaurants.*	– Verneinungen.
Tom's father is a friend of Mr Walker's.	*Toms Vater ist ein Freund von Herrn Walker.*	Der Apostroph wird auch zur **Bildung des Genitivs** bei Personen gebraucht.

8

3. Das Partizip Perfekt mit *-ed*: Aussprache

The past participle with -ed: pronunciation

In the museum, opened in 1929, inventors are celebrated.	*In dem Museum, das 1929 eröffnet wurde, werden Erfinder gefeiert.*	Das Partizip Perfekt (*past participle*) wird bei regelmäßigen Verben gebildet, indem man dem Infinitiv die Endung *-ed* hinzufügt. Ein stummes End-*e* entfällt.
Ford's first car is displayed [d] and other things that have changed [d] American life.	*Fords erstes Auto ist ausgestellt und andere Dinge, die das amerikanische Leben verändert haben.*	Die Endung *-ed* wird [**d**] ausgesprochen, wenn der Infinitiv mit – einem **Vokal** oder – einem **stimmhaften Konsonanten** *(b, d, g, l, m, n, v, ...)* endet.
Even furniture can be looked [t] at.	*Sogar Möbel können angeschaut werden.*	Endet der Infinitiv mit einem **stimmlosen Konsonanten** *(f, k, p, s ...)*, wird *-ed* als [**t**] ausgesprochen.
The museum, founded [id] by Ford, has attracted many visitors.	*Das Museum, das von Ford gegründet wurde, hat viele Besucher angezogen.*	Wenn der Infinitiv mit ***t*** oder ***d*** endet, wird die Endung *-ed* als zusätzliche Silbe [**id**] ausgesprochen.

4. Gleich und ähnlich klingende Wörter

Homophones and similar-sounding words

Gleich klingende Wörter *(homophones)*

Es gibt eine Reihe von Wörtern, die die gleiche Aussprache haben, die aber anders geschrieben werden und eine andere Bedeutung haben. Im Satzzusammenhang ist das betreffende Wort erkennbar.
Die folgende Liste enthält einige Beispiele.

dear/deer	*Liebling, Schatz; liebe(r, s)/Hirsch(e), Reh(e); Rotwild*
heard/herd	*von* to hear *(= hören)/Herde*
miner/minor	*Bergarbeiter, Bergmann/weniger wichtig, unbedeutend*
road/rode/rowed	*Straße/von* to ride *(= reiten)/*von *to row (= rudern)*
tale/tail	*Geschichte, Erzählung/Schwanz*
your/ you're	*dein(e), euer, eure, Ihr(e)/du bist, ihr seid, Sie sind*

Ähnlich klingende und ähnlich geschriebene Wörter

Es gibt eine Reihe von Wörtern, die oft verwechselt werden, weil sie ähnlich klingen oder ähnlich geschrieben werden.
Die folgende Liste enthält einige Beispiele.

at last/at least	*zuletzt, endlich, schließlich/mindestens, wenigstens*
back/bag	*Rücken; Rückseite; hinten; zurück/Tasche, Tüte, Sack*
had/hat/head	*von* to have *(= haben)/Hut/Kopf*
led/let	*von* to lead *(= führen, leiten)/von* to let *(= (zu)lassen)*
to know/now	*kennen; wissen/nun, jetzt*
to raise/to rise	*(an)heben/aufgehen, aufstehen; (an-, auf)steigen*
to walk/to work	*laufen, zu Fuß gehen/arbeiten; funktionieren*

8

5. Laute und ihre Schreibweisen

Sounds and their spellings

Die Vokale [e], [i:], [ɪ], [ʌ] und [u:]			
Laut	**Aussprache**	**Schreibweisen**	
[e]	e in ten	cent instead many	Der Laut [e] kann z. B. mit den Buchstaben ***e, ea,*** und ***a*** schriftlich wiedergegeben werden.
[i:]	ee in been	to agree tea machine	Der Laut [i:] kann z. B. mit ***ee, ea*** und ***i*** schriftlich wiedergegeben werden.
[ɪ]	i in in	tin berry biscuit	Der Laut [ɪ] kann z. B. mit ***i, y*** und ***ui*** schriftlich wiedergegeben werden.
[ʌ]	u in up	club to love country	Der Laut [ʌ] kann z. B. mit ***u, o*** und ***ou*** schriftlich wiedergegeben werden.
[u:]	ue in blue	true fruit crew	Der Laut [u:] kann z. B. mit ***ue, ui*** und ***ew*** schriftlich wiedergegeben werden.

8

Die Vokale [ɔ:], [ɜ:], [ɑ:], [ɒ] und [ə]

Laut	Aussprache	Schreibweisen	
[ɔ:]	a in water	to warn to organize board	Der Laut [ɔ:] kann z. B. mit den Buchstaben *a(r), o(r)* und *oa(r)* schriftlich wiedergegeben werden.
[ɜ:]	e in her	service to earn suburb	Der Laut [ɜ:] kann z. B. mit *e(r), ea(r)* und *u(r)* schriftlich wiedergegeben werden.
[ɑ:]	a in hard	sunglasses aunt heart	Der Laut [ɑ:] kann z. B. mit *a, au* und *ea* schriftlich wiedergegeben werden.
[ɒ]	o in on	fog to want	Der Laut [ɒ] kann z. B. mit *o* und *a* schriftlich wiedergegeben werden.
[ə]	a in ago	saloon desert technology	Der Laut [ə] kann z. B. mit *a, e(r)* und *o(r)* schriftlich wiedergegeben werden.

Stumme Vokale

Es gibt eine Reihe von Wörtern, die stumme Vokale enthalten. Stumme Vokale sind bestimmte Buchstaben, die nicht gesprochen werden. Hier werden häufig Rechtschreib- oder Aussprachefehler gemacht.
Die folgende Liste enthält einige Beispiele.

a	boundary	*Grenze; Rand*
e	Wednesday	*Mittwoch*
i	business	*Geschäft(e), Unternehmen*
o	chocolate	*Schokolade*
u	guide	*(Fremden)führer*

8

Stumme Konsonanten

Es gibt eine Reihe von Wörtern, die stumme Konsonanten enthalten. Stumme Konsonanten sind bestimmte Buchstaben, die nicht gesprochen werden. Hier werden häufig Rechtschreib- oder Aussprachefehler gemacht. Die folgende Liste enthält einige Beispiele.

b	bomb	*Bombe*
c	scientist	*(Natur)wissenschaftler(in)*
d	sandwich	*belegtes Doppelbrot*
g	to sign	*unterschreiben*
gh	highway	*(AE) Fernstraße*
h	to honor	*ehren*
k	to knock	*(an-)klopfen*
l	sidewalk	*(AE) Gehweg*
n	autumn	*(BE) Herbst*
p	cupboard	*Schrank*
s	island	*Insel*
t	to listen	*zuhören, anhören*
w	however	*jedoch, aber; wie (auch) immer*

6. Betonung

Stress

borough actually representative	*Stadtbezirk* *tatsächlich* *Vertreter*	Normalerweise wird nur **eine Silbe** in einem Wort betont. Oft ist das im Englischen die erste.
student permanent	*Student* *permanent*	Achte besonders auf Wörter, die auch im Deutschen gebräuchlich sind und die im Englischen anders betont werden.

8

7. Das Alphabet

The alphabet

a	say	j	Jane	s	lesson
b	be	k	Kate	t	tea
c	see	l	sell	u	you
d	diesel	m	lemonade	v	very + he
e	he	n	ten	w	double + you
f	left	o	no	x	exercise
g	jeans	p	Peter	y	why
h	hate + chess	q	queue/cue	z	zoo + fed
i	I	r	are		

8

Platz für Notizen

Platz für Notizen

Platz für Notizen